SIMON

CARNET DE VOYAGE EN ÉCOLOGIE

les Verdoyants

AKINOMÉ

Il manque à l'écologie un “Récit”. Avec un grand R. Qu'est-ce qu'un récit ? Une histoire qui fonde les mythes communs d'une société, pose les bases d'un vivre ensemble. Car l'écologie est ce qui peut nous réconcilier. Le Mahabharata fondait l'Inde hindoue. La Grèce antique cristallisa dans *l'Iliade et l'Odyssée*. L'écologie attend son Homère. En attendant le génie qui fera la synthèse des voix dans un chant général, recueillons les récits des héros discrets de l'écologie. Avec mes modestes outils, les mots et les images, je me propose de participer à cette cueillette. Je me dois même, en ce temps de grand péril, d'écrire ce récit. Car l'écologie est le seul salut.

L'écologie est le seul salut. Nous le savons. Et nous continuons à faire comme si de rien n'était. Nous continuons à voter pour des politiciens qui ne comprennent rien aux coquelicots. Nous continuons à prendre l'avion pour assouvir nos démangeaisons touristiques. Nous prenons notre voiture tous les jours. Et nous pleurnichons sur la disparition des espèces, le saccage de la forêt équatorienne et le crachat quotidien de plastiques dans les océans. Dont nous sommes responsables. Et nous culpabilisons, car nous le savons. Pourquoi sommes-nous si absurdes ? Parce que nous n'avons pas d'horizon d'espérance. Il manque à l'espérance un récit.

Il manque à l'espérance un récit. Pour le moment, le récit qu'on nous fait du monde est celui de l'effondrement. Car l'effondrement n'est pas pour demain. Nous sommes dedans. Du coup, nous sommes quotidiennement effondrés à l'écoute des informations. L'écoanxiété prend des proportions catastrophiques. Les adolescents raffolent des dystopies qui racontent la fin du monde. Les films et les séries ressassent à l'infini les menaces planétaires. Et la plupart des médias nous plombent inlassablement de mauvaises nouvelles. La terre est notre couffin et nous l'avons souillée. Comment sortir du discours de l'effondrement ?

“Il faut un récit, une histoire et une iconographie de la révolution écologique.”

Aurélien Barra

Comment sortir du discours de l'effondrement ? La première chose à faire est de choisir nos façons de nous informer. Pour ne pas sombrer. La seconde, de nous abreuver de bonnes nouvelles. Il suffit de tendre vraiment l'oreille pour percevoir le bruissement d'une multitude d'initiatives qui laissent à espérer. Et qui sont en train de faire germer ce récit. Enfin, d'y participer ; on sort du désespoir par le combat et la création. “Créer, c'est résister. Résister, c'est créer”, disait Stéphane Hessel. Les Verdoyants que j'ai rencontrés sont des résistants à l'ordre funeste du monde actuel. Et des créateurs délicats d'oasis heureuses.

Des créateurs délicats d'oasis heureuses. Le récit écologique est fait de mille histoires anciennes pour le moment décousues. Outre les grands textes écologiques qui s'ignorent – *les Géorgiques* de Virgile ou *le Cantique des créatures* de Saint-François – il prend sa source en différents lieux, avec Whitman et Thoreau en Amérique, avec Tolstoï en Russie ou Gandhi en Inde. La conscience écologique politique naît dans les années 1960 et 1970 avec les travaux

de Rachel Carson, puis le cri d'alarme de René Dumont et le désormais mythique *Rapport Meadows*, “Les limites de la croissance”. Comment coudre tous les bouts de tissus ensemble ? Quel récit contemporain et comment l'écrire ?

Quel récit contemporain et comment l'écrire ? Un récit suppose des héros mythiques et nous les avons ; morts au champ d'honneur : Amrita Dévi, Théodore Monod, Pierre Rabhi, Wangari Maathai… ; les héros bien vivants : Vendana Shiva, Greta Thunberg, Edgar Morin, Nicolas Hulot, Aurélien Barrau, Cyril Dion, Claire Nouvian, le philosophe Bruno Latour et bien d'autres. Ceux-là officient sur l'estrade des médias. Et il y a les héros discrets de l'écologie, celles et ceux qui œuvrent en coulisse dans la nature ou en ville, les innombrables colibris de la forêt, de l'agriculture, de la médecine, des arts et du commerce. Celles et ceux dont je veux faire le récit.

Celles et ceux dont je veux faire le récit. Dans ce livre, lecteur, tu croiseras : Jean-François, le photographe qui cultive son jardin ; Pierre, le philosophe épris d'oiseaux ; Pascale, la gynécologue devenue maraîchère ; Jeanne la brodeuse qui bosse dans une ressourcerie ; Patrick, le carnettiste curieux des vieux gréements ; Titi, le sculpteur d'animaux d'eau douce ; Li, la chimiste convertie au jardin ; Simon H., l'auteur de bande dessinée biodivers ; enfin Loïc, l'artiste fou des plantes.

juin
2020
VIERZON

Jean-François

le photographe
à la patate douce

“Il n’est pas nécessaire de faire 10 000 kilomètres pour découvrir des paysages insoupçonnés, des animaux merveilleux et des humains sidérants.”

Aurélien Barrau, *Le plus grand défi de l’histoire de l’humanité,* Michel Lafon.

Louange au jour qui vient !
Vivre est une splendeur.

Nous partons. En voiture. Personne n’est parfait. Nous allons porter un carnet à Jean-François. C’est à Vierzon que nous nous rendons. Un carnet de confinement qu’il va photographier. Pour l’édition prochaine de ce travail intitulé : *Apologie de l’arrosoir*. Depuis des années, Jean-François est mon complice, le photographe de mes toiles, de mes carnets trop grands pour être scannés, mon ami.
Jean-François Parent est photographe ; la preuve vivante qu’on peut mener plusieurs vies dans le cadre d’une vie car, outre ses activités diverses, il cultive son jardin depuis une vingtaine d’années.
Sur la route, deux choses à signaler : *Les Années de pèlerinage* de Liszt à la radio et un orage… digne de Liszt !

Un orage constitue un bon baptême pour ce voyage.
Jean-François nous attend sur le seuil de sa maison des bois. Sa tête est aussi poilue qu’est feuillu le bois alentour.
Et je constate que le désordre de la maison est intact… Un authentique, un pur et magnifique capharnaüm… Et, dans sa chambre, un livre sur le “désencombrement” ! Souvent, je le baptise “Homme des Bois” en raison de l’enfouissement de sa maison dans la lisière. Derrière la vitre de la cuisine, le fouillis du végétal a poussé dans une ancienne carrière. Pendant le confinement – deux mois de solitude – sangliers et chevreuils s’égayaient en bas du talus, dit-il. La vie sauvage n’attendait qu’un petit virus pour s’inviter… Et dans le jardin, Jean-François a pu photographier la dévoration d’un crapaud par une couleuvre…

Juste avant le déjeuner, un frelon trône sur la vitre de la cuisine.

– Tu le tues ? demande Li.

– Non. Les gens ont toujours des solutions à base de tuer ce qui les dérange.

– Tu le sors ?

– Oui.

Jean-François laisse la vie sauve au frelon.

– Tu es bouddhiste ? demande Li.

– Non ! il faut savoir cohabiter.

« Il faut savoir cohabiter. »

Je me souviens des frelons de Charente… J'en étais un sacré tueur, à l'époque, un tueur en série. Je les tuais à distance : d'un jet d'argile, je les écrasais contre le tronc du néphlier, quand ils sortaient du nid. J'en ai occis un sacré paquet, étant jeune, sans me faire piquer. Aujourd'hui, je n'assomme plus que les frelons asiatiques…

– À table !

Pour le déjeuner, notre hôte a préparé une salade de roquette et de tomates noires, avec mozzarella, graines de fenugrec, pousses de lentilles et de shiso, qu'il a parsemée de coriandre, de basilic, de ciboulette et de bon poivre. Nous sommes à l'orée d'un monde savoureux. Tandis que nous devisons, l'eau du puits sort goutte à goutte du seau, humectant avec doigté ces dames tomates ; entre les tiges vertes, les œillets d'Inde clignent jaune et rouge. Le jardin resplendit. Nous sommes donc à Vierzon, dans le Cher. Cœur de la France, tomates cœurs de bœuf, chez ce grand cœur : Jean-François, 71 ans (« 37 millions et 317 600 minutes », dit-il), cultive son jardin en rabelaisien plutôt qu'en voltairien ; dans son assiette, la salade ne vise aucun ascétisme. Sagesse goulue ! Sous la treille, vin de la cave ancienne (un Entre-deux-Mers aujourd'hui) et patate douce s'entendent comme cul et chemise. Et c'est maintenant que nous allons converser…

Conversation

Est-ce que tu as un légume chéri ?

La patate douce... Elle est charmante au goût, et c'est un tubercule sans amidon. Exilée depuis cinq siècles, elle a ce charme gustatif exotique, une texture purée après une courte cuisson, et parmi les tubercules elle affiche une allure de tendre doyenne.

Encore un légume venu d'ailleurs... comme beaucoup !

Je souffre d'une addiction comparable pour les haricots verts...Mais si je devais partir sur une île déserte avec un seul d'entre eux, je pense que ce serait la carotte ! Seconde addiction si râpée.

Tu es né dans une ville ?

Oui, à Paris, rue de la Chine, au 7e étage du 23...
dans un atelier de peintre...

Y avait-il des antécédents à la campagne ?

Disons en province ; mon père et ma mère, fils et fille unique tous deux, venaient respectivement de Bourgogne et du Bourbonnais.

As-tu passé du temps à la campagne ?

Oui, davantage à Vichy, chez mes grands-parents maternels, et ici à Vierzon... Auprès des cousines de ma mère. Des instants bénis pour l'enfant gâté d'après guerre.

La souche est-elle berrichonne ?

Mes arrière-grands-parents vivaient ici ; mon arrière-grand-père, aîné d'une famille de onze enfants, a acquis et agrandi cette maison en longère, vers 1880...

Tu l'habites encore aujourd'hui ?

Oui, j'en suis le gardien ; j'entretiens l'endroit, j'en suis le passeur - passant - qui emprunte ce qui lui a été donné... Elle a d'abord été mon garde-meuble, pendant assez longtemps. Depuis 36 ans, elle est devenue mon lieu principal ; j'y faisais des améliorations... tout en flirtant avec Paris, Madrid et la Provence et parfois le monde.

As-tu créé tout de suite ce potager ?

Il y a longtemps, là devant, ce coteau sud n'était pas boisé... Une vigne hors d'usage l'avait occupé. Je jardinais ici, toute cette pente sous le regard de ma cousine Suzanne, surnommée sainte Suzanne pour son choix de vie monacale ; choix et réplique à la douloureuse disparition (1914) de l'unique fiancé de sa vie. J'ai souhaité venir ici pour elle, une personne que j'admirais beaucoup, et qui m'aimait tout autant.

Ce n'est pas banal, un citadin qui devient jardinier...

Mes parents ne m'ont jamais éloigné de la nature. On vivait bien, on ne manquait de rien, on était gâtés... Mais, on vivait simplement. Attentif à mon éveil, mon père adorait me voir me débrouiller de situations "à la dure" ou mes aptitudes à la survie que je dois

"Les êtres humains sont des lieux..."

au scoutisme, fort répandu à l'époque. Artiste violoniste à ses heures, mon père ne se ménageait pas ; c'était un lève-tôt, il récupérait et affinait des métaux précieux, or, argent, platine... Il y avait un gisement de ces métaux après-guerre, que l'on trouvait dans les engins militaires. Il achetait également des bijoux en mauvais état. S'agissait-il des prémices du recyclage ?

jardiner

Ta mère travaillait-elle ?

Maman ? Pas à plein temps, elle s'occupait de la maison et gagnait occasionnellement de l'argent de poche en vendant des blouses et peignoirs de protection, principalement destinés aux coiffeurs et à leur clientèle.

Tes parents ont compté.

Oui, Il y avait une attention. J'ai eu deux parents qui m'ont tellement aimé que j'ai vu là une valeur fondamentale… Derrière les cadeaux, je voyais une attention très précieuse…

Comment est apparu le jardinier ?

Je n'ai pas visé d'être jardinier, mais plutôt à être autonome.

Cela signifiait quitter la ville.

J'ai adoré vivre à Paris. J'avais du mal à m'en passer, tout en étant soulagé en le quittant… Peu à peu, l'appel des arbres est devenu irrésistible.

Croquis en passant

Étais-tu déjà photographe ?

Oh non ! J'ai d'abord été apprenti photographe, ensuite j'ai appris les arts graphiques, sous la houlette d'excellents lauréats de l'école Estienne qui avaient fondé un laboratoire dédié à l'affiche de cinéma… Le travail consistait à façonner photos et textes destinés aux maquettes ou bien les tirages de photos de plateau qui figuraient dans de petites vitrines ornant couramment, en ce temps-là, façades et halls des cinémas. La clientèle, principalement des graphistes ténors de l'affiche, nous entraînait dans les coulisses des plateaux et des productions…

Trouver un travail était-il difficile ?

Jamais ! on s'arrachait nos services, on était encore sous l'effet Trente Glorieuses.

Tu vivais dans le dogme de l'artiste qui doit imiter la nature ?

Je n'avais été ni formé ni initié. C'était juste une espèce de maniaquerie que j'avais dû entériner en bon chrétien manichéen ; que les représentations doivent passer un test de fidélité comparée par le sens qui les concerne, répondre d'une chaste moralité et d'impeccables maîtrises techniques…

Comment s'est faite cette mutation vers l'autonomie ?

Avant de poursuivre sur l'autonomie, je voudrais te parler d'un autre retournement. J'étais passionné par les artistes, autant les peintres, sculpteurs que les musiciens… Mais, je me sentais contrarié par le travail des peintres, je les appelais les "falsificateurs de la nature"… Je ne les voyais pas restituer fidèlement les formes et les textures de la nature, jusqu'à ce que je rencontre un certain aquarelliste : Henri Ventujol…

Tu vivais dans le dogme de l'artiste qui doit imiter la nature ?

Je n'avais été ni formé ni initié. C'était juste une espèce de maniaquerie que j'avais dû entériner en bon chrétien manichéen ; que les représentations doivent passer un test de fidélité comparée par le sens qui les concerne, répondre d'une chaste moralité et d'impeccables maîtrises techniques…

Ça on le ressent quand on travaille avec toi… Cette exigence d'excellence… jusqu'à la prise de tête ! Ce dogme a donc été un peu chahuté ?

Hum ! Les amygdales me gratouillent ! J'avais connu cet Henri dans le Midi, en Camargue précisément ; je niais et niaisais ses jus irréguliers, qui rendaient cependant d'harmonieux visuels. J'étais fâché contre le peintre, mais enthousiaste en sa compagnie. Un jour, me promenant sur la côte sauvage du côté d'Olonne, je me retrouve seul, au seuil des marécages sous l'ombre de quelques pins maritimes… Et perçois subito les tonalités tendres et transparentes de l'aquarelle… Je vois comme une impression dans le paysage… Je vois cette possibilité de traduire non fidèlement mais de provoquer un ressenti. J'ai dû laisser sortir un "ouahh" ! Aussitôt, je pense à lui… Je me dis que cet artiste doit probablement vivre ce que je venais de vivre, c'est-à-dire cet instant où les sens perdent leur acuité alors que se manifeste un ressenti accru d'intégration au lieu, au sujet… à leurs atomes. Encore faut-il être en mesure de peindre ! De ce jour, j'ai admis l'honnêteté de cet homme et j'ai réajusté mes filtres d'appréciation. Je l'ai revu par la suite… "L'aquarelle, disait-il, c'est de savoir tacher le papier sans le salir." Il est au ciel, je l'embrasse !

Donc, c'est ton moment "impressionniste" ? Un moment important...

Ou bien un instant rebelle, une rébellion contre le fini, le néant, la mort... Selon ma compréhension, l'être humain est aussi un lieu, un lieu où l'on peut ressentir, où il se passe quelque chose... C'est à l'intérieur... une présence s'y rencontre ; la source de tous les phénomènes de ma propre vie... Par deux, sur une liste infinie, les potentiels en présence s'y côtoient : par exemple l'offre et la demande, la source et l'assoiffé, le maître et l'élève. Si quelque chose est important pour moi, c'est de fréquenter la présence de l'être, de me laisser connaître, expérimenter et toucher ce que désigne Prem Rawat en ces termes : "Ce souffle est le visage intérieur de l'existence" (*Comment trouver la paix dans le bruit du monde*, éditions du Seuil.)

Le jardin de Jean-François

Je reviens au travail de la terre… Tu t'installes ici de manière plus sédentaire.

Je m'installe ici pour tenir compagnie à ma grande monter immédiatement, ou lever et rester chétif, ou s'étioler d'un excès de chaleur, ou grignoté par les divers petits peuples autochtones ou nomades saisonniers… il y eu tout ça, ces saisonnières annuelles leçons ! Une longue liste de défaites… pour me rendre modeste, patient et néanmoins persévérant. Aujourd'hui, je consulte encore mon ami et mon professeur de jardin, Pierre, (93 ans) : "C'est pas dans nos mains, c'est là-haut que ça se passe." Il me dit ça en désignant le ciel d'un poignet souple, dans un large geste spiralé, évoquant bien plus que la course solaire et les caprices des nuages. Je lui ai demandé : "Comment fais-tu pour avoir de si beaux légumes?" Il m'a répondu aussitôt m'invitant par son regard faussement coquin à garder le secret : "Je leur parle."

Tu crois à ça ? Si tu n'es pas là, rien ne se passe…

Mais il y a la nature, c'est déjà un miracle !

Oui, mais il y a aussi un savoir-faire… Toutes ces observations qui s'accumulent, se transmettent…

Oui, à ce maigre savoir, je peux associer mon intuition… comprendre que telle plante a soif, favoriser son bien-être là où je lui propose de vivre…. Ici aucune démarche scientifique. C'est maîtrisé scientifiquement quand on ajoute des intrants… que l'on force les plantes badigeonnées de poisons… que l'on martyrise des végétaux là ou ils n'absorbent plus les nutriments vivants naturels du sol… Le jardinier s'éloigne de ça… Parfois je compare le jardin à un théâtre d'art et essai où se succèdent la plupart des processus vitaux ; du merveilleux au tragique il renvoie à ceux qui veulent bien le lire ainsi, à l'écho de notre éphémère passage humain, et l'incroyable unicité des êtres intrinsèques à ces apparentes multitudes homogènes. Une catastrophe par ici, une prospérité par là ; façon papa poule je me désole ou m'émerveille, me félicite ou me blâme, remercie, abreuve, soigne ou encourage. Oui ! Je remercie ! A ce petit lopin, je pense, et je lui dis merci ; à longueur de tâche, ou à l'occasion de nouvelles compréhensions, ou celle de ressentir ces liens discrets, occultes, entre lui et mon cœur, comme de lumineux rhizomes irradiant mon plexus.

CHOU n. m. (du lat. *caulis*, tige). Genre de crucifères, comprenant de nombreuses espèces et un nombre considérable de variétés cultivées comme comestibles. *Chou pommé*, chou dont la tête est une masse arrondie et serrée. **Chou vert,** chou non pommé à feuilles vertes. **Chou de Milan,** variété frisée du chou commun. **Chou de Bruxelles,** variété de chou dont la tige fort longue donne des bourgeons comestibles. **Chou cavalier,** variété de *chou vert*. **Chou-palmiste,** nom donné au bourgeon terminal de plusieurs palmiers. **Chou-fleur,** variété de chou dont les pédoncules et les fleurs naissantes forment une masse charnue et grenue. **Chou-navet,** variété de chou dont la racine est renflée en forme de navet. **Chou-rave,** espèce de chou-navet dont la tige, renflée et charnue, est comestible. (Pl. des *choux-palmistes*, des *choux-fleurs*, des *choux-navets*, des *choux-raves*.) Bouffette en rubans. Pâtisserie soufflée et légère : *chou à la crème*. *Fig.* et *fam.* *Chou blanc*, résultat nul. *Aller planter ses choux*, se retirer à la campagne pour y vivre. *Faire ses choux gras d'une chose*, en faire son profit.

Chou.

coureuse.
COURGE n. f. (lat. cu
bita). Genre de cucurbita

Pomme de terre.

POIREAU (*rô*) ou **PORREAU** (*po-rô*) n. m. Plante potagère du genre ail.

Poireaux.

Réflexion

Jean-François, l'enfant de Vierzon, Vichy et Paris, est à mes yeux une demeure, où il puise, cherche et tâtonne. Le matin, généralement, il se livre à la méditation ; le reste est travail, photographie, musique, gourmandise, convivialité, entraide, activisme. À Vierzon, il y a de la générosité dans l'air. Il fait aussi partie du cercle de poésie de la ville… et milite avec un carré d'écologistes pour un approvisionnement citoyen en énergie. Ce qui, au demeurant, me semble résider le plus intimement en lui, c'est la quête d'une paix intérieure, une paix personnelle sans laquelle, dit-il, aucune paix extérieure ne peut advenir.

Nous nous sommes rencontrés à Soissons il y a des années, dans une église où avait lieu une exposition. Et j'ai vu en lui un voyageur d'amitiés : il allait de l'un à l'autre, en France, avec une insatiable affection. En ce temps sans voyage, il lit Aurélien Barrau : “Toute la magie mystérieuse de l'ici est sans doute à réapprendre, pour le meilleur.” L'ici et maintenant de Jean-François, c'est ce lit où il médite, ces chambres photographiques d'où il retire les pellicules sensibles de son regard généreux, c'est ce jardin qui répond à son attention supérieure. C'est cette terre qui nourrit l'assiette de l'amitié… Je peux oser dire que, de tous les hommes que j'ai eu la chance de rencontrer, Jean-François est l'un des plus tendres. Un vrai lieu de tendresse.

Je m'interroge sur cette étrange idée que les êtres humains sont des lieux. Est-ce l'idée que nous habitons notre être propre comme un oiseau habite un territoire, que nous y évoluons, y chantons notre partition et que nous y mourrons ? Je comprends cette image sans réussir à l'expliquer. Mais je perçois les êtres comme des champs d'énergie plutôt que comme des lieux ; peut-être est-ce une idée voisine. En tout cas, il me semble qu'en effet nous sommes, pour peu qu'on cultive une conception mouvante de l'être humain et de son devenir, des espaces de possibles. Ce qui signifie que tout peut arriver dans un être humain, tout peut advenir. Je vois certaines personnes comme des entités nomades aux identités multiples, d'autres davantage comme des endroits stables, des maisons, des havres…

CONCOMBRE (*kon-bre*) n. m. (lat. *cucumis*). Genre de cucurbitacées, aux fruits gros et allongés, que l'on mange en salade. Ce fruit.

Concombre.

TOMATE n. f. (m. espagn.). Espèce de solanées de nos pays, très cultivée pour son fruit alimentaire. Son fruit : *la tomate sert à faire des confitures, des sauces et se mange en salade.*

Tomate.

CHOU n. m. (du lat. *caulis*, tige). Genre de cruci-

VIERZON
Simon

juillet

2020

MONTGERON

Pierre

le philosophe aux oiseaux

“Les fleurs en pot n’ont pas la même vitalité. Les oiseaux en cage ont perdu la joie de vivre. Laissons les fleurs et les oiseaux orner la nature et y prospérer à leur aise, chacun selon son intuition de la vie.”

Hong Zicheng, *Propos sur la racine des légumes*

“Mettre mes mains dans la terre me fait beaucoup plus de bien que n’importe quelle thérapie.”

Un philosophe, ça intimide un peu. Ça intimide moins quand on le voit apparaître avec des artichauts à la main et des chaussures crottées. Et s’il tend l’oreille pour écouter le chant d’une mésange, ça peut même le rendre tout à fait humain. Pierre, prof de philo, friand de Spinoza et de jazz, pratiquant le yoga, le taichi et le tuishou – et ami (soit dit en passant) – cultive donc son jardin. C’est en banlieue parisienne, à la lisière de la forêt de Sénart, que ça se joue. Lorsque nous sommes invités à dîner, nous voyons le philosophe émerger de sa jungle miniature, mal rasés (le philosophe et la jungle), avec cinq ou six plantes qu’il flanque dans sa salade sans autre forme de procès. Roquette sauvage, pissenlit, ache odorante, cresson alénois, feuilles de panais, fenouil sauvage, barbe de capucin… Les saveurs de ces salades baroques qui bafouent toutes les lois de l’art culinaire sont exquises. Et je garantis sur l’honneur qu’elles vous donnent autant de vitamines intellectuelles que la lecture d’un *Essai* de Montaigne, une belle scolie de Spinoza ou un aphorisme de Nietzsche. *“La joie est le passage de l’homme d’une moindre à une plus grande perfection.”* (Spinoza) Il suffit de le dire.

Pierre, 56 ans, naît prématuré et écoute donc précocement le merle ; hume l'odeur du bois de buis, apprend sans doute à marcher (son CV ne le précise pas), à parler, à lire et à écrire ; enfant, il s'extasie devant les images du guépard et du léopard, rêve de safaris en Afrique, se passionne pour les oiseaux de nos contrées dont il apprend à déchiffrer le vol, s'enivre des effluves de mère-nature en Seine-et-Marne, dans la Creuse et dans les Cévennes, aujourd'hui en Ariège ou en Bretagne, rentre à chaque fois à Paris à reculons, s'identifie aux félins (dont il peut pousser à l'occasion, le rugissement), s'imagine, gamin, *Ranger* dans les parcs africains, distingue le chant de la fauvette dans les ajoncs, me désigne la sittelle torchepot à l'aube dans la forêt de Fontainebleau, médite à toute heure y compris dans les lieux les plus impropres à la méditation, corrige ses copies, s'empêche in extrémis de tirer sur une raie lors d'une plongée sous-marine, fait un bac scientifique, se désensauvage un brin, fait Normale Sup, se marie, devient père, revient à la nature (via le mouvement corporel : l'aïkido, karaté puis taïchi) et développe pour elle un “rameau mystique”, se remarie, se met en quête d'une vie où il “essaye d'impacter le moins possible l'environnement et d'être le plus proche de la terre”, corrige toujours ses copies, m'initie à la quête du Graal des sous-bois (le cèpe), s'émerveille d'un bond de chevreuil à l'aurore et se régale d'un cuisseau de sanglier lors de son mariage, publie une lettre à ses élèves en temps de confinement dans *Libération* et, depuis quatre ans, parmi d'autres vagabondages philosophiques et moult expériences vitales – tout en corrigeant ses copies – jardine.

“Le jardin de Pierre nous gratifie l'air de rien d'une triple leçon.”

1. On peut à loisir mener deux vies de front : une vie intellectuelle et une vie manuelle par exemple, qui s'en trouvent mutuellement satisfaites et nourries.

2. La part du colibri de chacun d'entre nous, les gestes écologiques de sauvegarde, d'entretien du vivant, de la vie poétique ne nous dispensent nullement de penser politiquement le monde.

3. Les sagesses de l'Orient (tao, yoga, taïchi, médecines orientales, etc.) irriguent comme jamais les lumières de l'Occident ; à cet égard les saveurs venues de l'Est (le shizo, la rhubarbe, la ciboule chinoiserie, le rau ram (coriandre vietnamienne), l'aubergine, la patate douce, le piment, etc.) dialoguent volontiers au jardin avec nos poireaux, nos choux-fleur et nos brocolis, comme avec nos amis immigrés d'Amérique, la pomme de terre, la courgette ou le maïs...

Quand je découvris le jardin du philosophe, il s'offrait à la vue comme un chaos fertile. Je le dessinais avec les moyens du bord, deux encres perdues au fond de mon sac. Pierre y semait à l'instinct des graines avec l'intention assumée de les laisser se débrouiller entre elles, sans souci de réussite ni de performance : comment le jardin allait-il réagir ? De ce beau désordre primordial jaillirent l'oseille et la framboise, la rhubarbe (phénoménale au demeurant), le panais et le poireau perpétuel… ; quant au piment rouge, à la menthe verte et à la moutarde jaune, ils n'avaient qu'à s'entendre pour composer la bonne palette. Au sommet d'un petit mont Mérou pareil au sein maternel, un génie tutélaire noir en bois veillait sur les verdures.

Le jardin est un acte profond. Pour l'ami Pierre, ce fut d'abord un laboratoire d'expériences potagères ; on joue au démiurge en légumes et les limaces, le gel, les altises ont tôt fait de vous remettre les pieds sur terre ! Puis le jardin observé, étudié, contemplé, apprivoisé et travaillé devint producteur – de légumes, d'herbes, de senteurs – et de sens ! Prenons-en de la graine, nous les pédagogues de tout poil : le vrai instructeur, c'est notre petit bout de nature. De là, le jardin fut pour lui un vrai besoin. Il devint aussi jardin partagé – avec les voisins proches et lointains – et nous échangeons désormais des pousses et des plants… Mais ce qui m'occupe aujourd'hui est ce que Pierre découvrit : le jardin est guérisseur – tel ces enclos d'herbes simples que les moines entretenaient avec soin pour soulager les maux et guérir les malades : “La plupart de mes troubles névrotiques se sont calmés. Mettre les mains dans la terre me fait beaucoup plus de bien que n'importe quelle thérapie.”

Je sais les noirceurs de Pierre, dont les fondements, je crois, sont moins intellectuels qu'émotionnels. Je respecte – et souvent partage – sa répulsion viscérale et philosophique pour le libéralisme ; nous savons que c'est un obscurantisme déguisé en représentant de commerce à paillettes. Savons que la destruction du monde est son fait, son méfait. Mais je sais également qu'au sortir du jardin ou de la forêt, il n'affiche jamais d'humeur sombre. Que sa gaieté triomphe. Que son humour décoche ses flèches. Qu'il rugit tel le léopard de ses livres d'enfance.

“Le jardin est une utopie à portée de main.”

Mais en quoi le jardin est-il un remède à la mélancolie ? En quoi ce contact avec la terre nous procure-t-il de la joie ? C'est la question que je veux élucider aujourd'hui.

D'abord : le jardin est une utopie à portée de main. Quiconque dispose d'un bout de terre, aussi chétif soit-il, peut créer ce “pays de nulle part”, cette parcelle unique de réalité terrestre

AIGLE n. m. (lat. *aquila*). L… plus forts et le plus courageux … seaux de proie (*); pupitre d'église surmonté d'une figure d'aigle. *Fig.* Esprit supérieur : *l'aigle de Meaux* (Bossuet). *Yeux, regards d'aigle*, très perçants. Insigne de décoration figurant un aigle : *l'aigle noir de Prusse*. *Grand aigle*, format de papier (env… sur 1m,06). N. f. Femelle de l'ois… proie ; étendard, drapeau : *les romaines*…

BERGERONNETTE n. f. Petit o… noir et blanc, nommé aussi *hoche-queue* et *lavandière*, et qui aime le voisinage des troupeaux (*). Syn. de BERGERETTE.
BERLE n. f. Plante

CHARDONNERET n. m. Pet… chanteur, du genre des passerea… aime à se nourrir des graines du *chardon* (*).
CHARDONNETTE ou **CARDONNETTE** n. f. Espèce d'artichaut sauvage.
CHARENTAIS, E adj. et n. De la Charente.

dubitare, douter). Figure de rhétorique, par laquelle l'orateur feint de douter pour prévenir les objections.
DUBITATIVEMENT adv. Avec doute.
DUC n. m. (lat. *dux*, chef). Souverain d'un duché ; titre de noblesse le plus élevé après celui de prince.
DUC n. m. Oiseau du genre c… et de la famille des noc…

un gouffre. *Fig.* Engloutir. **S'engo…** v. pr. Se dit des eaux, du vent, qui entrent avec violence en quelque endroit.
ENGOULEVENT n. m. Oiseau du genre du passer…

FAUVE adj. (lat. *fulvus*). Couleur qui tire sur le roux. *Bêtes fauves*, tous les animaux qui vivent à l'état sauvage. N. m. Couleur fauve ; bête fauve.
FAUVETTE n. f. Petit passereau qui chante agréa… et dont le plumage tire sur le …

GRIVE n. f. Oiseau du … dont le plumage est mêlé de blanc et de brun (*).
GRIVELÉ, E adj. Tacheté, mêlé de gris et de blanc (comme la grive).
GRIVELÉE n. f. *Fam.* Petit gain secret et illicite.

HIRONDELLE n. f. (lat. … seau de passage, qui paraît or… au printemps, et qui émigre en automne (*).
HIRSUTE adj. Touffu, hérissée : *barbe hirsute*. *Fig.* Grossier, bourru, revêche.
HIRUDINÉES n. f.

IBIS (*biss*) n. m. Oiseau échassier, … régions chaudes de l'ancien monde : *les ibis étaient vénérés des anciens Égyptiens parce qu'ils détruisaient les reptiles* (*)
ICEBERG n. m. Masse

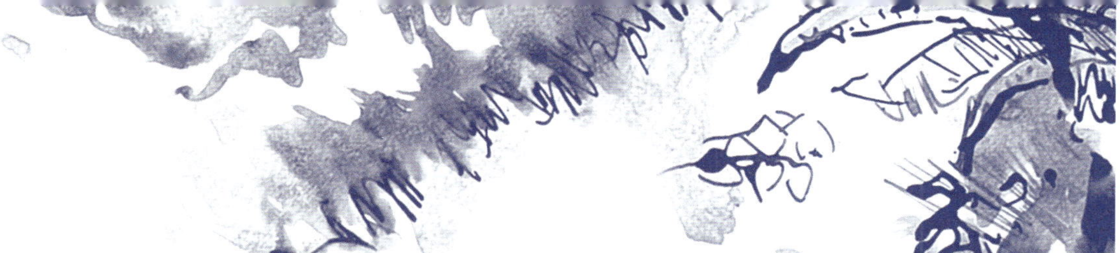

dont il devient le gardien attentif. Cette possibilité de créer un microcosme est ontologiquement source de joie. En nietzschéen je le rugis donc : créer c'est gagner en joie. À ce titre je suppose que bon nombre des maux de notre temps pourraient être simplement traités par l'accès de tout un chacun à un terrain terreux, un jardin. J'y reviendrai.

Ensuite : nul doute que l'homme libre – ou celui qui s'efforce de l'être (l'homme « authentique », dirait Tchouang Tseu) – trouve dans le jardin un espace où exercer sa liberté. Où l'expérimenter. Dans un parc public, je ne suis maître de rien ; dans mon jardin, je fais ce qui me plaît. Y disposer un nain de jardin ou y planter un chêne. Il n'est que de voir l'extrême fantaisie qui règne dans les jardins de banlieue. Ceci – l'autonomie – nous délie des normes, détache nos menottes sociales, nous décharge des cangues que la société s'ingénie à nous flanquer sur le dos. J'imagine qu'un prof de philo, en bute aux tracas administratifs, constipé par l'observation des convenances normatives de l'Éducation nationale et quotidiennement confronté à la classe (même s'il apprécie son métier), s'évade littéralement dans son jardin ; il s'y repose, s'y cache et y bourlingue. Le fonctionnaire peut aussi passer ses nerfs en cassant des mottes ! La réconciliation taoïste avec l'homme sauvage brimé en nous restaure évidemment un élan vital. Voilà pour l'énergie revigorante du jardin. « Quand on cultive son jardin, le désespoir n'est pas de mise », écrivai-je dans *Apologie de l'arrosoir*. En vérité, les pensées noires se dissolvent dans le terreau. On ne peut positivement pas se complaire dans ses ruminations mortifères lorsqu'on sème, qu'on taille, qu'on repique : le travail du jardin, outre qu'il nous occupe, nous fatigue, absorbe littéralement notre attention comme la terre boit l'eau. Et résorbe nos difficultés d'être dans des actes bénéfiques. On ne peut pas cultiver la terre avec distraction, en laissant vaquer l'esprit à ses chagrins ou ses colères, car elle exige de nous une concentration aiguë, salutaire, comme la calligraphie ou la boxe. Or toute concentration a pour effet secondaire de purger le mental de ses impuretés, de ses bagatelles – et nos soucis ne sont rien d'autre, tout bien considéré, que des bagatelles. Le jardin, tel le yoga, la navigation à voile, l'apprentissage des langues, le jeûne, est un bon exercice de nettoyage. Une fleur lavée par une pluie luira davantage. La joie, c'est exactement cette luisance.

Continuons : en tant qu'intellectuel, Pierre est inévitablement inquiet. S'il ne l'était pas, c'est que son intelligence serait raplapla ; or elle étincelle, avec toutes les blessures qu'implique la lucidité. L'état du monde, les chiffres anxiogènes de la disparition des oiseaux, l'hypothèse sérieuse de l'effondrement sont des toxines redoutables, sans doute indispensable à la lutte ; mais la frayeur philosophique, si elle gangrène le cerveau au point d'anéantir l'espérance, est morbide. On ne peut y croire. « Jardiner équivaut à rentrer dans un *territoire mental d'espérance*, pour la simple raison que celui qui plante ou qui sème, plante et sème pour le futur et échappe ainsi à l'ivresse de la vitesse », écrit notre sage jardinier, Gilles Clément. Cultive, et tu t'enivreras. Et voici enfin : semer, composter, cueillir, récolter : ces gestes ne sont pas anodins. Il serait même beau d'en explorer aujourd'hui toutes les virtualités, les vertus spécifiques. Je pense que ce sont des gestes bons pour la santé de l'être ; l'être psychique autant que l'être physique.

Outre les fruits qu'on en retire, ces gestes en tant que gestes premiers nous relient : à la fois avec la terre et avec nos ancêtres, car ce sont des gestes pratiqués depuis les temps reculés des premiers cultivateurs. Ce sont des gestes ancestraux, des gestes de continuité vitale, des relais du temps, des gestes de contact profond avec l'humus primordial. Lorsqu'on retourne son compost, la divine pourriture éclate sous notre bêche : ce grouillement de vie, c'est une promesse tenue d'éternité. “Ne prétend pas changer la nature des choses”, dit Épictète. La dictature des technocrates entend remplacer la nature par des artefacts. La civilisation hors-sol qui est la nôtre a créé des gestes totalement déconnectés du vivant, des gestes strictement dénaturés : appuyer sur les boutons des machines, remplir un caddie, glisser des cartes dans des fentes, etc., taper toute la journée sur un clavier représentant l'apogée risible (si l'on y songe) de notre aliénation à la technologie. Au rebours de ces gestes contemporains, semer, arroser, récolter (à l'instar de tous les actes manuels en prise avec les éléments) réparent le tissu déchiré de notre psyché, et nous procurent une joie humble, silencieuse et résiliente, qui colle à l'âme comme la terre aux semelles.

n de naturel ?
départ, mais la conscience
», les odeurs naturelles
'st l'odeur du buis après
e soleil quand on rentra
ardas par la v
m'a toujours
mière passion,
s d'Afrique et
ns mon extase
ais mes parent
une préférence pour le
légance et la vitesse du
ézard de l'autre –

MERLE n. m. (lat. *merula*). Sous-genre de grives, à livrée sombre (*). *Fig. Merle blanc,* personne ou objet introuvable. *Vilain merle,* ou ironiq., *beau merle,* personne laide ou désagréable.
MERLETTE n. f. Femelle du merle. *Blas.* Petit oiseau représenté sans pieds ni bec.
MERLIN n. m. Massue à long manche pour assommer les bœufs ; hache pour fendre le bois.

Les cèpes de Sénart

Je rencontrais Pierre dans l
tremise de sa dulcinée, l'ét
namienne, l'amie de Li. J
possible connivence de nos natu
le pressentiment d'une adéq
couples, qui devait se révéler
entretien mit tout son temp
tié véritable. Mais le philo
le début, avaient de quoi
qui l'on peut parler littérat
sont pas légion. Nous éch
thousiasmes de lecteurs, il m
et je lui fais déc
Nous avons communié g
losse de Maroussi" d'Henry
ne de notre lien, outre l
de nos femmes respectives, qu
ment, il y eut aussi de
quelle, à dire vrai, je l
tacher durablement d'au
L'amitié cependant peut
si la déférence tient trop
ques soirées dansantes, to
Car nous aimons fortemen
Et faire les fanfarons sur l
dames et tout ce qui s'e
rivalité. Entre Pierre e
nombreuses sommations et
niaques épisodes. J'ai trou
gnon d'intelligence qui
un glouton de vie ; peu
nos caractères est-elle co
tance ? Pierre lutte depuis
fond dépressif dont le jard
à s'extraire, tout en jou
me un faune échappé d'u
le lecteur de Spinoza est
auquel l'alcool fait pr
rugissements. Lorsque n

Conversation

La naissance de ton jardin relève-t-elle de cette prise en charge des individus par eux-mêmes ?

Cultiver n'a pas été vécu comme une décision intellectuelle venue d'un cerveau rationnel qui donnerait un ordre à mon corps d'aller vers une plus grande autonomie alimentaire en étant capable de sortir deux kilos de patates par an, mais comme une sorte d'exigence de tout mon être, pas tellement réfléchie, le besoin d'un environnement moins pollué dans lequel mes sens pourraient mieux s'épanouir… Et ce que je n'avais pas prévu, c'est que ça m'a surtout donné une autonomie sur le plan psychologique en m'évitant d'avoir besoin d'aller voir des psys ou d'autres personnes pour me sentir bien dans ma peau. Le travail qui consiste à casser des mottes de terre dure, à enlever des petits bouts de céramique qui trainent, à amender le sol et y voir grouiller petit à petit des vers de terre, est quelque chose d'extrêmement réparateur sur le plan psychique, même si techniquement je suis loin d'avoir la capacité de me nourrir.

Partant de là, que le jardin répare une dimension malade d'un individu, si l'on considère que la société est malade, inciter les gens à prendre un bout de terrain, pour autant qu'ils le puissent, serait une des formes politiques de la guérison ?

Oui, ça se fait d'ailleurs, même en ville ; l'agriculture urbaine a le vent en poupe. Mais aujourd'hui la maladie est tellement profonde que ça ne va pas se faire comme ça… Le mouvement est minoritaire. On est loin d'avoir gagné le combat là-dessus…

J'ai l'impression néanmoins qu'il devient possible d'en parler et de faire. Aux élections municipales, les écologistes ont remporté des grandes villes telles que Lyon, Marseille, Bordeaux… On se rend compte à la lecture des journaux que les jardins partagés se développent et recréent du lien… J'ai lu que la France compte au moins 17 millions de jardiniers amateurs, près d'un tiers de la population… Et que plus de la moitié des Français possèdent un jardin potager. Sans parler de l'agriculture du « bord de fenêtre »… La fièvre verte semble bien en route.

Il y a un mouvement de reprise en main ; les gens ont pris conscience qu'on les intoxiquait avec des pesticides, du fait de l'encouragement de l'agriculture industrielle par l'État. Et personne n'a envie, à partir du moment où ça se sait, que ses enfants soient empoisonnés et voient leur espérance de vie réduite par des épandages de produits qui incarnent soi-disant le progrès. Il y a un retournement de l'opinion en effet. Il y a un espoir.

En tout cas la parole s'est libérée, elle n'est plus culpabilisée et crée de la controverse… De notre côté, le jardin que nous avons lancé n'était pas un acte de résistance au sens où l'entend Pierre Rabhi, même si ça l'est devenu par surcroît ; c'était une réponse immunitaire au confinement – c'est-à-dire se réapproprier notre terrain sous une autre forme, avec la visée de produire nos propres légumes. On s'est rendus compte que ça suscitait de la joie et de la fierté. Cette responsabilité d'un petit lopin d'univers donnait du sens.

Oui, oui… Je dirais une immense fierté car les légumes qu'on sort de son jardin sont les meilleurs du monde !

Il y a là quelque chose qui peut être politiquement promulgué et défendu. Même si l'on sait que l'utopie d'une autonomie de l'individu par le jardin n'est pas possible. Mais c'est un plaisir revanchard quand on va au supermarché de ne plus aller au rayon légumes. On a la même chose à la maison, en mieux et peu onéreux. Régis Debray parle même d'une "coopérative jardinière à l'échelle de la planète"… Joli projet !

Oui.

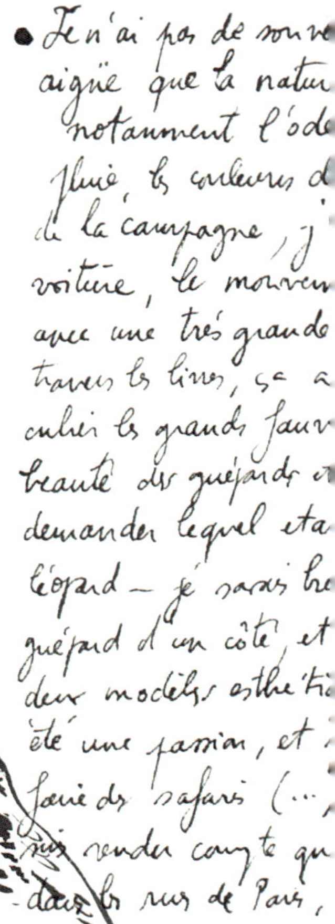

Une amitié en mouvement

Je rencontrai Pierre dans les années 2000, par l'entremise de sa muse vietnamienne, Hoa, l'amie de Li. Je pressentis aussitôt la possible connivence de nos natures. Ou plutôt j'eus le pressentiment d'une adéquation fertile entre nos deux couples, qui devait se révéler juste. Cet amical entretien mit son temps à s'épanouir en amitié véritable. Mais le philosophe et l'écrivain, dès le début, avaient de quoi jaser ; les bougres avec qui on peut parler littérature ne sont pas légion. À l'origine de notre lien, outre l'amour des mots et de nos femmes respectives (qui s'entendent du reste exagérément), il y eut aussi l'admiration sans laquelle, à dire vrai, je ne peux m'attacher durablement d'amitié avec quelqu'un. L'amitié cependant peut rester précautionneuse si la déférence tient trop en respect. En quelques soirées dansantes, toute distance fut abolie. Car nous aimons foutrement danser, faire les fanfarons sur la piste et tournoyer les dames – au risque d'une joueuse rivalité !

Entre Pierre et moi, il y eut de nombreuses sommations et non moins dionysiaques épisodes. J'ai trouvé en lui un compagnon d'intelligence qui n'en est pas moins un glouton de vie ; la différence de nos caractères est peut-être l'une des causes de notre accointance. Pierre lutte depuis des années contre un fond de mélancolie dont le jardin – et Hoa – l'aident à s'extraire, tout en jouissant de la vie comme un faune échappé d'un livre de mythologie. Ce lecteur de Spinoza est un sensuel débridé auquel l'alcool fait pousser des ailes.

Lorsque nous avons baissé la garde, l'un et l'autre, en confiant que la vie nous avait plus d'une fois terrassés, notre amitié put vraiment s'épanouir. **Nous avons ainsi tissé, au fil des circonstances, une histoire.** Parmi les nombreux épisodes mémorables qui nous ont liés, on doit citer l'escapade merveilleuse en Chine avec femmes,

enfants et amis. Notre faiblesse commune pour la poésie, la cuisine chinoise et l'alcool qui les agrémentent, le rire et la beauté rendirent le séjour exubérant d'allégresse. Voyager dans les contrées lointaines crée assurément des liens étroits et chers. Nous échangeâmes quelques courriels, et retour de Chine, l'étroitesse de nos affections se resserra encore.

En Charente, deux épisodes légendaires font désormais partie de notre récit : j'avais entrepris de construire le "Corbillard des pesticides" avec un vrai corbillard en bois, chargé de paysans en colère. Chacun et chacune bâtit un personnage grandeur nature. Pierre se proposa de construire avec moi le cheval qui tirerait le véhicule. Nous le construisîmes et l'attelage avec tout son équipage fut incendié dans un autodafé de la chimie au milieu du grand pré. Enfin, couronnement de ces années où le quatuor s'accordait chaque fois davantage, Pierre et Hoa décidèrent d'organiser la fête de leur mariage avec moult amis dans notre maison des champs, en l'été 2019. Ce fut une semaine digne de grand prestige : chaque jour, les invités offraient leur savoir – yoga, méditation, tango, dessin, etc. – tandis qu'aux heures de repas, on festoyait sans frein. Mon cousin Philippe chassa un sanglier pour les mariés… Le jour du sanglier – rissolé au feu de bois – Pierre perdit toute mesure ; le marié en transe dansa tel un Bacchus fou parmi ses invités hilares…

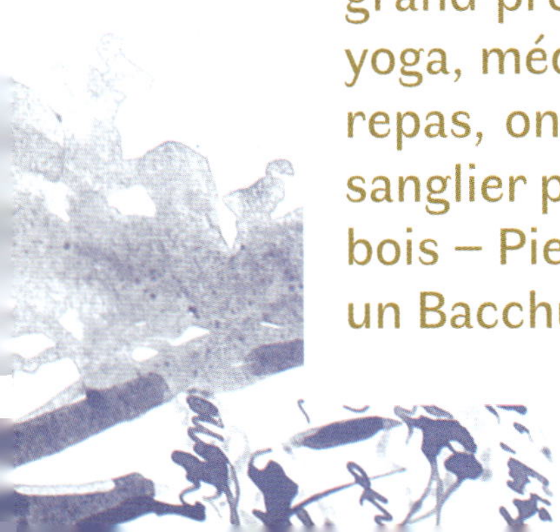

La butte dans le jardin de Pierre et Flora -

août

2020

VIEUX-CÉRIER

Pascale

le potager
de la gynécologue

“L’attention, à son plus haut degré, est la même chose que la prière. Elle suppose la foi et l’amour.”

Simone Weil, *La pesanteur et la grâce.*

Les deux peupliers. Dressés dans la mémoire comme deux fusées. Se souvenir. C’est ce que nous entreprenons, ma sœur et moi, ce matin. Nous voulons évoquer le jardin de notre enfance. Deux bigleux que nous sommes, deux myopes de la mémoire. Est-ce que deux myopes voient moins flou à deux ? Non. Ça se saurait. Voyons ce qu’on peut revoir à deux. Il est entendu que tout souvenir, aussi exact et sincère soit-il, n’est pas une reconstitution à l’identique d’un moment passé, mais une reconstruction de ce moment. “En 1963, nous avions un jardin en banlieue.” Ce fait est irréfutable ; mais sitôt qu’on se souvient de ce jardin, l’imaginaire et l’expérience, ainsi que les filtres et les écrans de l’amnésie, métamorphosent le paysage ; on l’imagine autant qu’on se le rappelle. Ce jardin d’enfance n’est pas loin du songe. De là à dire qu’un souvenir est une fiction, il y a un pas que je ne franchis pas. J’accepte l’idée qu’un souvenir flirte avec l’affabulation ; mais un songe n’a rien à voir avec un mensonge. Un songe qui persiste, c’est peut-être un mythe. Je remarque que ces deux peupliers – ces deux fusées feuillues – ont tellement compté qu’ils ont trouvé une place – féérique cette fois – dans mon conte pour enfants, *Le Petit Arbre Voyageur*. Le souvenir, conté, est devenu fiction. Notre jardin d’enfance se situait à L’Haÿ-les-Roses, une charmante ville du Val-de-Marne connue pour sa roseraie. J’aime le nom de la rue où nous habitions : rue de la Cosarde, que j’orthographierais volontiers Rue de la Causarde, qui convient mieux à nos bavardages de gosses. Il y avait un jardin devant la maison où trônaient, tels deux sentinelles robustes au-dessus de la Causarde, deux marronniers qui ont leur mot à dire. Pascale dit que nous étions souvent perchés là-haut, à observer les passants, faire des cabanes, jouer aux marrons et jaser… Comment ne me souviendrais-je pas de l’un de ces deux marronniers ? C’est niché dans son feuillage qu’à l’âge d’environ 10 ans, abruptement, je perdis la foi. Je voulais parler directement à Dieu, auquel j’avais donné ma foi d’enfant. Il ne me répondit pas. Et ma foi tomba d’un coup. Si cet arbre a été le théâtre de mon athéisme, celui-ci n’a pas gagné la sphère des arbres, que je vénère toujours. Sur ce point, les deux bigleux voient nettement la même chose : deux enfants joueurs dans le feuillage épais et odorant.

“On *l’imagine* autant qu’on se le rappelle.”

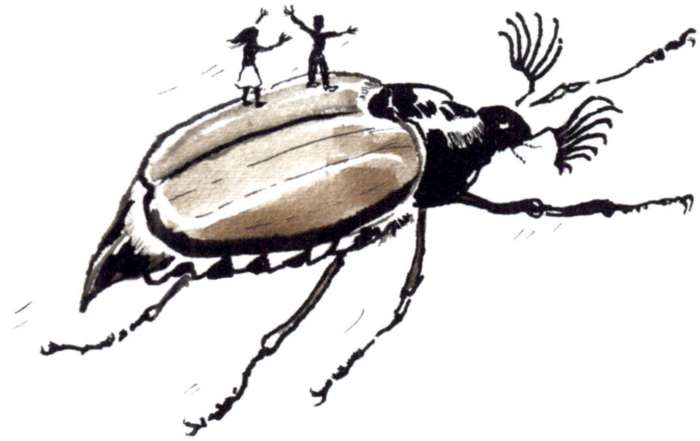

Le jardin de derrière comptait davantage. Nous descendions un escalier, dit ma sœur, en bas duquel se trouvait une barre où nous faisions des acrobaties. J'ai oublié la barre ; je la rajoute. Nous faisions des concours de saut de marches. Escalier resté mémorable pour moi car c'est toujours de ce tremplin que je continue de m'envoler dans mes rêves. Nous traversions une petite cour, puis une aire de graviers ; là, une haie clôturait le jardin, dans lequel nous pénétrions par un portillon… Elle se souvient que le jardin, d'abord étroit à cause du garage, s'élargissait. Je veux bien me souvenir de ça. Et je lui demande de se souvenir de l'arbre à coings, qui se trouvait, comme son nom l'indique, dans le coin. Elle veut bien se souvenir du cognassier, qu'elle avait gommé. À deux, nous voilà avec deux coins de jardin. Ce cognassier emplissait à l'automne mes narines d'un arôme inoubliable. Là, à gauche, dit- elle, on avait enterré le bassin en zinc avec les poissons, les tritons et les grenouilles qu'on avait rapportés des ruisseaux du Vésinet… J'ai fait connaissance de la faune d'eau douce dans ce bassin, dit-elle… À deux, les souvenirs se font plus limpides. Ils acquièrent du relief, comme la vision binoculaire permet de voir en trois dimensions.

“Se souvenir produit aussi ce résultat: un compost d'insignifiance.”

Nous nous souvenons de divers détails sans importance. Se souvenir produit aussi ce résultat : un compost d'insignifiances.

Ce dont je me souviens le plus, dit-elle, ce sont les deux grands peupliers avec une balançoire. Tu sais, on se servait tellement de cette balançoire que l'herbe était complètement râpée dessous – comme toutes les balançoires du monde, dis-je, taquin. C'est ce dont je me souviens le plus, moi aussi. Se souvenir à deux, si l'on y songe, rend le souvenir plus vivant. Cette balançoire re- mémorée à deux se balance vraiment dans notre esprit. Ils avaient une odeur à eux, dis-tu, ces deux peupliers d'Italie… Oui, dis-je, et la balançoire avait de longues cordes, on se balançait très haut… Il y avait des hannetons ! dis-tu. Comme nous les aimions : ces insectes étaient beaux, luisants, avec leur teinte de caramel et de grands cils maquillés… Ils étaient les intercesseurs du monde humain et du peuple minuscule de herbe. Les peupliers, c'était le grandiose, l'envolée ; les hannetons, le microcosme. C'est là que ça commence. Dans l'herbe, oui. Donnez un carré d'herbe à chaque enfant, vous aurez moins besoin de psychologues. Les insectes sont de grands éducateurs : l'organisation sociale de la fourmilière, l'affairement fertile de l'abeille, la gourmandise dodue du bourdon et la construction savante d'une toile d'araignée… Vous avez tous les enseignements.

Jardin
avec enfants

Au mois de printemps 2020 en Charente
jaillit un brusque et prolifique potager.
Chaque jardin ajoute au grand cadastre de la vraie vie.
Pascale, gynécologue, demeurant dans ce village,
– au hameau dit Boisanné, à Vieux-Cérier –
où vivent moins d'humains que de chouettes hulottes,
portait l'idée d'un potager plus conséquent
que son petit jardin circulaire aux trois carottes.
“J'avais idée aussi, dit-elle, de manger plus sain.”
Or voici que l'occasion soudain se présenta,
sous la forme d'un affreux mot *confinement*,
devenu depuis aussi usité que distanciation sociale,
marketing, présentiel ou masques...
Les deux enfants de la gynécologue,
Sami et Anna, firent leur apparition avec leurs aimé(e)s.
Une tourterelle, Mélissa, un tourtereau, Pierre.
Les deux premiers fuyaient leur studio de Nîmes,
les seconds voyaient leur voyage en Argentine annulé.
Un certain virus sévissait dans le monde ;
seule la Charente était épargnée, dit la légende.
Les enfants de 25 ans environ convergèrent
vers le pays dépeuplé de leur maman.
“J'étais extrêmement heureuse de les voir arriver.”
Mais que ferait-elle si l'un des tourtereaux était touché ?
Qu'est-ce que c'était que ce Covid-19,
lard, cochon ou pangolin, ou qui sait un vilain coup ourdi
par une chauve-souris chinoise ou américaine ?
Elle décida séance tenante de confire sa progéniture en quarantaine.
Déconfits, les tourtereaux nomades ! Reconfinés...
Pendant une semaine ils se tinrent à distance...
Mais la démangeaison d'embrassades frappa.
On vota : la quarantaine continue-t-elle ?
Non. Unanimité.
La frustration était grande de ne rien faire ensemble !
Il y eut l'évocation furtive d'un jardin
Pascale, la gynécologue hypnotique, pensa :
“Tout est possible : faillite de l'État, carences alimentaires,
effondrement des structures, pénurie d'eau et d'électricité.”
Elle débordait d'un évident optimisme.
En vérité, l'urgence d'une alarme rend inventif.
“J'ai fait un stage de permaculture”, dit Sami.
Qu'à cela ne tienne. Chantier collectif !, dit la chronique.
Gros bras et fins neurones furent mis à contribution.
Il fut décidé de créer trois buttes, arrêté leur longueur : 9 m,
leurs largeurs, 1,80 m, 1,20 m, 0,90 m,
et qu'elles seraient de hauteurs diverses.

Pour moi, le plus beau des paysages, c'est un chemin creux, en Charente

Pascale

Regardez donc de ce côté du jardin :
Tourtereaux, tourterelles et gynécos à la pelle !
Chacun son outil : on décaisse. Ça transpire !
Une allée se crée, une autre, et la première butte
dans l'entre-deux des allées s'impose...
Les fiers-à-bras s'enfoncent dans la châtaigneraie.
Macabre découverte : tous les châtaigniers sont morts.
Du coup bois mort à foison ! Troncs débités, charriés,
voyez les belles épaules qui traversent le pré !
Ah, il y a du joli monde dans le bocage...
La maîtresse de maison lit, étudie, veut tout piger !
Elle lit Gertrud Franck et manuel de permaculture !
Elle avance dans la lecture en même temps qu'elle travaille.
Finie la deuxième butte ! Fortement harassés,
les apprentis en herbe se consultent : “On arrête là.”
Mais d'un seul coup la passion les reprend...
“On fait la troisième !”
Elle sera baptisée la Butte Hélène, en vertu de ce fait :
La gynécologue se souvient d'un bon fumier de brebis
gisant chez la tante Hélène : voici qu'on le transporte,
et voici que la butte s'élève, un peu moins haute.
Les cucurbitacés s'affolent, prolifèrent !
Allez, deux remorques entières de fumier.
Une terre nue, ce n'est pas bon,
pense Pascale, comment la vêtir ?
La solution vint côté du voisin :
Serge Bisserier, l'ancien fermier,
lui vendit une botte de paille pourrie,
et voilà la Butte Hélène paillée, revêtue.
– Que demande le peuple ?
Cependant Sami aux idées brillantes
achetait mille graines au marché de Chasseneuil,
haricots, pois ridés, patates à germer pour un régiment...
Choux et pommes de terre, ensemble,
dans la même chambrée de terre !
Fèves, radis, betteraves, laitues !
Une course contre la montre s'engagea
entre la plantation et la lecture...
Ainsi, dit-elle, avec grand sourire,
“C'était avril, c'était fiévreux, c'était fébrile !”
Le jardin n'attendait pas la fin du chapitre,
– pas question de bailler aux corneilles !
Et maintenant penchez-vous avec elle, au mois de juin,
une fois que les tourtereaux et tourterelles se sont envolés :
elle voit sortir de terre un plant de patate pour la première fois !
Émotion, mes aïeux, émotion.
Celle qui ne savait pas, celle qui voulait savoir,
ne perdait nullement la faculté de s'émerveiller.
Elle me dit, regardant ce grand jardin partagé :
“Je n'ai jamais autant appris depuis mes études de médecine !”
Ah, ce fut grand printemps, Pascale, ma sœur,
Que celui-ci...

Conversation

Peux-tu raconter comment, et depuis quand, et dans quels lieux, et avec qui, est née ton affinité avec la nature ?

Comment répondre ? J'ai anesthésié ma mémoire, en particulier celle de mon enfance. La nature n'est pas de mes affinités : elle est moi. Et toute ma vie est chemin de réaffiliation… dont ma mort sera le couronnement. Mes vacances enfantines dans la campagne de Charente limousine et dans le Finistère en bord d'océan ont sûrement joué un rôle dans l'initiation de ce chemin. Le rapport paysan de notre père à la matière m'a été transmis sans paroles, avec sa capacité à l'appréhender sans l'obstacle d'une représentation préalable. C'est peut-être l'antichambre de la

> “Nous nous écrivons.”

perception de l'unité cosmique, laquelle donne son sens à ce cheminement. J'ai dû voir les gestes de Granny maraîchère, et beaucoup apprécié ses confitures, ses fruits au sirop et sa cuisine. Papy nous a fait étudier les différentes graines de céréales et de conifères. Enfant, j'ai fait un herbier et des collections naturelles, pierres, plumes, curiosités… Et puis “la nature”, cela a longtemps été ce corps-à-corps avec un cheval qu'on nomme équitation… et plus tard, une douzaine d'années en compagnie de vaches limousines. Par comparaison avec les animaux, j'ai mesuré l'immense perte humaine de ces signaux intérieurs qui permettent de naviguer dans la vie. Je suis en quête de leur redéploiement. Ayant pour l'essentiel acquis une vision du monde animal par le biais des connaissances académiques du corps humain et de l'équitation, dès que je l'ai approché au potager j'ai ressenti la nécessité d'étendre au règne végétal ma perception du vivant. Mon premier étonnement a été pour la vivacité de sa réactivité. Ces jours, je découvre stupéfaite les relations de la Terre avec les autres objets célestes.

Pour ma part, je trouve une grande satisfaction dans une vie hybride, travail artistique le matin et travail du jardin l'après-midi. Comment articules-tu ta vie de médecin, de thérapeute et ta vie de maraîchère ?

La posture de thérapeute autorise plus d'unité : inutile d'entrer dans un rôle, par contraste avec celle du médecin. C'est une des raisons pour lesquelles j'ai quitté cette dernière. Il en découle une continuité annihilant la nécessité d'articuler les temps entre eux. J'ai une jouissance à déconstruire les cloisonnements mentaux du monde essoufflé en quittant mes bas à résille pour enfiler mes bottes en caoutchouc sur des chaussettes trouées, ou choisir une jupe qui ne se prend pas dans les rayons de mon vélo, avec lequel par temps sec je rejoins ma consultation

de thérapeute, 8 km plus loin. Les saisons, la météo et peu à peu la lune commandent de plus en plus ma présence au jardin. Lente réouverture de ma conscience, lent réapprentissage de quelques pas de danse avec l'univers.

Tu parles avec beaucoup de bonheur de ton expérience de permaculture avec tes enfants au printemps 2020. Deux ans plus tard, tu en es où de ce jardin, de ce lien particulier créé avec eux à cette occasion ?

De loisir qu'elle était, la culture paraît désormais une nécessité - au moins pour ré-apprendre - et pour ce qui me concerne un besoin financier. Aux buttes se sont adjointes une citerne enterrée de 10 m^3, une serre géodésique expérimentale, et un embryon de haie pour les protéger du vent. La voilure des cultures a été réduite (restreinte aux buttes) pour éviter les mises en conserve : chaque saison donne ses légumes. Un des couples de jeunes a bâti une petite butte et vient d'ensemencer. L'autre poursuit sa formation en permaculture et s'installe dans un collectif avec un projet permacole. Les échanges (semences, bulbes, savoirs) se font quand nous nous voyons.

Crois-tu que la jeunesse – une part d'entre elle en tout cas – peut changer la donne du monde ?

Elle est la seule à pouvoir le faire, et le fera peut être avant d'y être acculée pour survivre. Mais ceux qui n'ont plus la vie devant eux ont aussi un rôle à jouer dans la transmission de savoir-faire élémentaires : jardiner les arbres, les abattre, tronçonner, fendre, forger, tanner, faire naître un feu, tutoyer un cheval, etc.

“Pour tout réinventer, il faut revenir sur terre”, dit Bruno Latour. Comment rêves-tu ce “retour sur terre” ? Toi qui vis sur terre, justement, qui as quitté la ville il y a longtemps, et qui désormais cultives.

De nos jours, il n'y a pas de contradiction entre enracinement en un lieu et être citoyen·ne du monde - au contraire - et je rêve que cela puisse perdurer. Cela suppose le maintien de médias. Il faut explorer en corps. La surcharge sensorielle de la grande ville met obstacle à cette évolution : les êtres y sont conduits à réduire leur attention pour se protéger. Pourtant, une véritable révolution naîtrait d'un re-développement de l'ATTENTION, inspiré par l'observation du règne animal, végétal et éthérique. Ce pourrait être un des principaux objectifs de l'éducation. Notre perceptivité humaine s'est atrophiée avec l'excessive facilitation de toutes les tâches, si nombreuses désormais à être réduites à la pression d'un bouton. Cette atrophie concerne non seulement les cinq sens et le développement musculaire, mais aussi les perceptions subtiles (champs magnétiques, etc). Quant à réinventer, nous sommes sans doute loin d'avoir fait l'inventaire de nos capacités à modeler ce que nous appelons le réel. Voilà mes rêves à long terme. J'aimerais qu'il y ait aussi possibilité de rêves à court terme - celui de ma vie restante. L'Occident croit qu'il suffit de savoir pour agir - contre les catastrophes écologiques, par exemple. Mais quand bien même les réactions bien humaines de déni seraient dépassées, comme elles finissent tôt ou tard par l'être, savoir ne suffit pas : il faut… réaliser : un savoir n'a de pouvoir mobilisateur que s'il rencontre une intuition, elle-même née d'une expérience vécue. L'urbanisation des humains les a conduit à une vie hors-sol que, je le crains, l'humanité va payer d'un lourd tribut de régressions et de vies sacrifiées.

Edgar Morin dit qu'il croit aux “îlots de résistance, à tous ceux qui refusent de se résigner face à l'abîme, aux dégradations…” Tu as le sentiment d'être un îlot de résistance ?

Non. Je n'ai pas évolué contre dégradation ou abîme, mais poussée de l'intérieur par une force qui se faisait jour à mesure que je me dégageais des écrasements de l'enfance. C'est en me retournant vers le passé qu'abîme et dégradations me sont apparus, dans ma vie comme dans celle de tous, et que j'ai pu les conceptualiser. Je ne résiste pas contre ceux qui égarent mes pas : ils tombent de moi. Oui. Depuis quelques années que les menaces se précisent, je suis entrée en résistance. Je ne vois pas d'autre alternative en dehors du suicide, pour lequel je n'ai aucune inclination. Comme Morin je crois que l'humanité nouvelle naîtra de ventres humains, pas d'extra-terrestres ou de l'intelligence vitale, qui continuerait sans nous.

Le Chemin de la Vigne

Dans ta pratique de tous les jours, qu'est-ce qui relève de la “part du colibri” ?

À prendre soin de soi comme part du vivant, qui est l'objet de tous mes soins, le colibri est devenu une autruche ! L'autruche a quelques occupations anecdotiques : déplacer à l'orée des bois les gastéropodes glanés sous les tuiles renversées du potager ; partager la grange avec le nid d'effraies qui y habitait bien avant moi ; entretenir la mare où viennent de nuit s'abreuver renards, martres et hérissons ; filtrer l'eau des plantes d'intérieur, etc.

Pierre Rabhi déclare : “L'humanité est en train de s'exclure de la vie.” Est-ce que tu partages cette parole radicale ?

Oui. Sa mort est la première mort d'un inconnu qui m'ait vraiment fait peine.

Les théories de l'effondrement sont critiquées pour leur caractère démobilisateur ; dire que la catastrophe est inévitable n'est-il pas un aveu de faiblesse ? Crois-tu à l'effondrement ?

L'effondrement, la catastrophe sont là - et depuis des décennies. Pas au sens savant d'un Pablo Servigne. Je n'ai pas sa pointure pour argumenter la collapsologie et de toute façon, à supposer que nous puissions prédire le comportement des sociétés humaines dans les années qui viennent, nous ne pouvons pas prendre en compte l'ensemble du vivant. La récente pandémie en est la preuve. Démobilisation ? Seule celle du déni me semble réelle, et il ne manque que l'étincelle en chacun, qui lui permette de sentir comment s'emparer de son destin, pour que la force cachée dans le déni se déploie. Elle est colossale. Inévitable ? Je travaille à prendre conscience de mes pensées destructrices. Penser la mort, même massive, n'est pas ouvrir la porte à la destruction. Tout est juste : la malmesure humaine comme sa rédemption. C'est la foi que m'inspirent les brins d'herbe. Plus intéressant serait peut-être l'inventaire de nos fragilités - d'où peuvent être extraites des directions d'action :

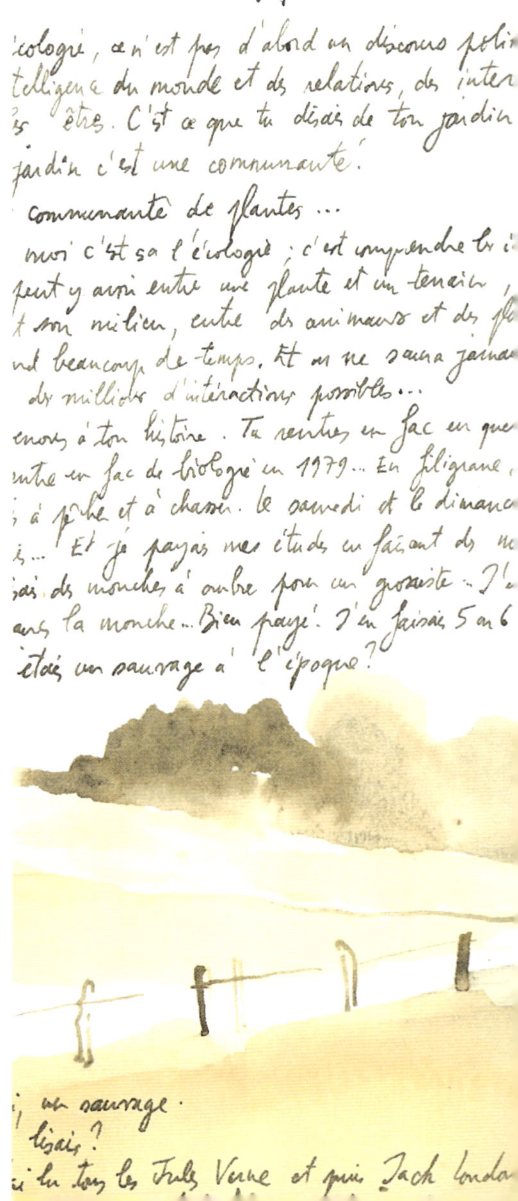

- incapables de se limiter à soulager l'humain des tâches aliénantes, la science et les technologies ont perverti ses outils pour en faire autant de prothèses où l'homme a perdu force physique, dextérité, perceptivité, force conceptuelle et même imagination ;

- coupez la télévision, c'est la révolte : les humains ne savent plus rêver par eux-mêmes. Sauraient-ils s'écrire si les smartphones devenaient inopérants ? La dépendance technologique est une fragilité d'autant plus catastrophique qu'elle ferait oublier la possibilité d'un monde où l'outil peut être fabriqué et donc maîtrisé… sans parler de la domination politique à laquelle cette dépendance ouvre la porte, face à laquelle ce que nous appelons totalitarisme fait pâle figure ;

- loin d'un paroxysme de communication, notre monde est celui d'un paroxysme de la diversion. Beaucoup attendent leur lit de mort pour l'introspection dont toute leur vie aura manqué. Vive l'euthanasie pour le leur épargner !

Le philosophe Glenn Albrecht parle des « émotions de la terre ». Ce mot fait-il écho pour toi ?

Je savais déjà l'opiniâtreté et la réactivité des plantes. Je commence à m'apercevoir de la perplexité des animaux devant moi.

Il me semble que l'écologie politique a échoué jusqu'alors parce qu'elle n'est pas enracinée dans le sentiment du sacré, qui fut le propre des civilisations antérieures dans leur rapport à la nature. Qu'en penses-tu ?

C'est juste. Nous assistons à une guerre de religion qui ne se dit pas : soit l'humain est pensé comme l'accomplissement ultime de la Création et se croit donc autorisé à l'exploiter. C'est la pensée extractiviste, productiviste, consumériste, transhumaniste. Soit c'est la Vie qui est pensée comme l'accomplissement ultime de la création, et l'humain, s'il y joue un rôle particulier, ne peut se concevoir que comme vivant parmi les vivants, qu'il doit donc respecter pour y garder une place. L'esprit extractiviste mène l'humanité à la noyade collective à la manière du chef militaire de Graeme Allright. Une écologie qui se contente d'expliquer qu'il faut cesser de scier la branche sur laquelle nous sommes assis reste allégeante à cet esprit.

Quelles sont les figures intellectuelles et spirituelles qui inspirent ta démarche de vie ?

Etty Hillesum, Johann Sebastian Bach, Gitta Mallasz, Jacques Lusseyrand, Isabelle Eberhardt, Goethe, Baptiste Morizot, Alessandro Jodorowsky, Thierry Janssen… Et tous les fins connaisseurs des plantes : Pierre Lieutaghi, Thierry Thévenin, François Couplan, Francis Hallé…

Jardin potager de Pascale.
Boisanné – Vieux Cérier.

août
2020
LE MAS D'AZIL

Jeanne

et la ressourcerie

Jeanne
Le Mas d'Azil
Août 2020

“ La planète mise au féminin reverdirait pour tous. ”

Françoise d'Eaubonne

“Je n'ai jamais fait un boulot qui n'avait pas de sens éthiquement.”

Bouille ronde, regard joyeux et rire à foison ! Telle était Jeanne, ma filleule, enfant. Gourmande de vivre et de dessiner, très tôt. Je me souviens d'un livre pour enfants fait à deux mains avec elle, sur la table bariolée de feutres. C'était l'histoire d'un demi éléphant qui cherchait sa moitié. Bouille ronde toujours, mais le regard s'est enrichi de gravité. Nous ne nous sommes pas vus depuis sept ans. La géographie de nos trajectoires nous a éloignés. Il est grand temps de faire une mise à jour de nos vies. Le hasard d'un voyage en Ariège organise nos retrouvailles. Jeanne vit dans le village du Mas-d'Azil près de camarades. Là, cinq femmes ont acheté une demeure pour y vivre ensemble. Là, pour un temps, Jeanne s'est réfugiée.

Jeanne : enfance tranquille à Talence près de Bordeaux ; “J'ai pas mal l'impression d'avoir développé une forte créativité en réponse à une vie pas si tranquille que ça !”, m'écrit Jeanne. Elle est déjà très créative, elle dessine, fabrique des bijoux, peint sur des objets… Adolescence plus mouvementée ! Dès la 4e, elle choisit de se donner les moyens d'entrer en section Arts appliqués au lycée François Magendie à Bordeaux ; elle s'intéresse au dessin, peint, sculpte, s'adonne à la fabrication d'objets en bois, en argile, en métal… Parallèlement, elle apprend la couture avec une amie de sa mère, puis le crochet et le tricot avec sa grand-mère… Après le bac, elle intègre l'école des métiers d'art La Source à Nogent-sur-Marne dont elle ressort diplômée en broderie. À la suite de quoi Jeanne se rendit à Nîmes, où le BTS de design de mode l'ennuya. “Un an et ciao !” dit-elle. Un Suisse l'avait embauchée, un an plus tôt – pour travaux de broderie, de théâtre et des expos ; elle continua à travailler pour lui et partit à Madrid ; elle partait seule pour la première fois. Elle aima.

“Les hasards d'une amitié la conduisent en Ariège.”

Puis elle découvrit la Chine et l'Inde… Jeanne ouvrait grand ses mirettes sur le monde, dessinait et apprenait. Ensuite, elle se rendit au Canada pour y retrouver des copains qui vivaient en Erasmus et se balader ; elle y travailla aussi en collectif. Puis, en Turquie, “pas mal chamboulée, dit-elle, j'ai un peu commencé à remettre en question mon projet de carnet de voyage sur l'artisanat et à me questionner sur qui j'étais.” Au retour, les hasards d'une amitié la conduisent en Ariège. Elle connaît sa première installation à la campagne – dans la vallée de la Lèze. Des péripéties. Un chagrin d'amour. Une dépression. Une thérapie. Mais c'est là que débute vraiment l'histoire ariégeoise. Jeanne s'installe à Sieuras. Puis, en 2016, au Barou ; en avril de cette année-là, elle met ses pieds à la ressourcerie des Bordes pour la première fois, à l'occasion de la fête d'ouverture. Elle ignore que ce jour va marquer un tournant dans sa vie. C'est la deuxième ressourcerie d'Ariège après celle de Foix. Aussitôt, elle décide de faire du bénévolat ; elle est sans emploi à ce moment-là. Elle alterne bénévolat, modèle vivant et expositions – polyvalente à son habitude, gorgée d'énergie et de projets. Ensuite, comme elle ne rentre pas dans le critère des emplois aidés, elle signe pour un service civique de 9 mois qui se déroule au mieux à la ressourcerie. À la suite de quoi, comme elle ne rentre toujours pas dans les critères, elle doit attendre 6 mois pour être embauchée ; enfin, son contrat est signé en 2018.

La ressourcerie de Bordes-sur-Arize emploie désormais 8 salariés et de nombreux bénévoles, notamment des migrants qui préfèrent venir donner un coup de main plutôt que de se tourner les pouces dans leur foyer au CADA du Carla-Bayle.

Conversation

La Ressourcerie tourne bien ?

Il y a plus de travail qu'il n'en faut !

Vous travaillez du mardi au samedi, c'est ça ?

Oui, et le magasin est ouvert le mercredi et le samedi.

> “Ça n'a plus de sens d'acheter des vêtements neufs…”

L'absence de hiérarchie, c'est un choix national ?

Non, chaque ressourcerie fonctionne à sa manière. C'est un choix politique de notre part. Ça a été compliqué. L'un des fondateurs avait peur des dérives ; il y a eu de vrais débats, il y a eu de vrais conflits. Ça a été tranché collectivement.

La mise en place a été difficile ?

Oui, mais passons sur les détails ; nous sommes restés à 5 ; puis Élodie est arrivée en 2018. Le poste d'Élodie été mutualisé avec la ressourcerie de Foix.

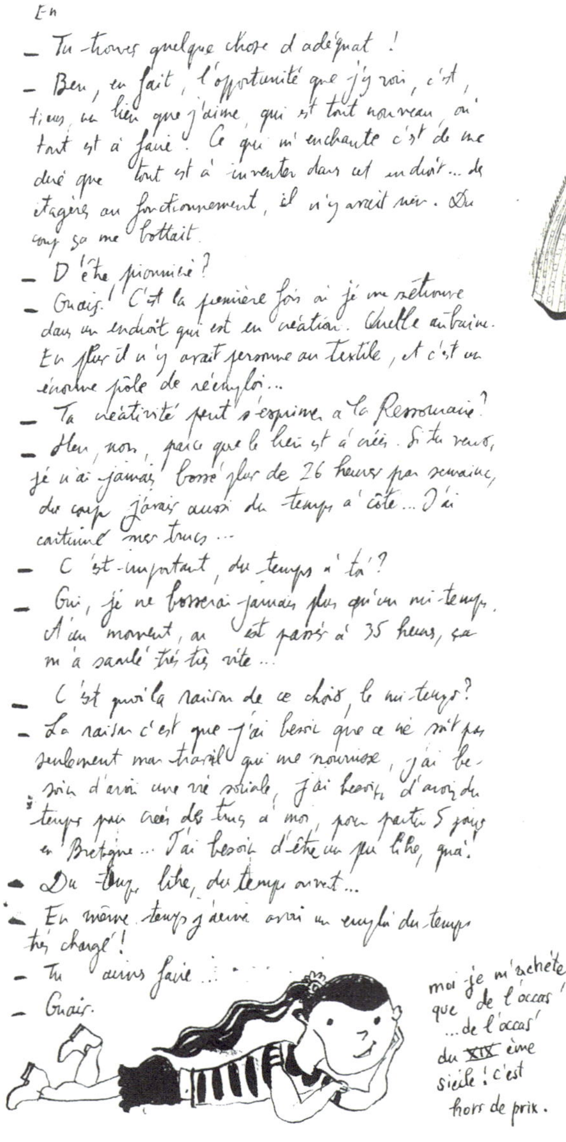

Toi, tu avais déjà une réflexion politique avant...

Oui, je l'ai depuis le lycée.... Je me souviens du moment où je me suis dit : "C'est cool d'avoir des idées, mais c'est bien de faire des choses"... C'est quand j'ai arrêté mon BTS. Plein de choses ont changé dans ma vie.

À aucun moment tu ne te voyais rester dans le système ?

En fait, je ne me suis pas rendu compte tout de suite mais je n'ai jamais fait un boulot qui n'avait pas de sens éthiquement. Sauf une fois, quand j'ai bossé pour Chanel...

Tu mets donc en phase tes pensées et tes actes, même si ça veut dire nomadisme, inconfort, précarité passagère ou... durable ?

Oui, sauf que j'ai le privilège d'être blanche, d'avoir fait des études, d'avoir accès à la culture et j'ai bien conscience que le fait de sacrifier ton confort quand tu as une famille derrière toi et que tu sais que tu ne mourras jamais de faim, c'est autre chose que de ne pas avoir de toit, de soutien... Je me suis rendu compte aussi que je n'ai jamais cherché de travail de ma vie. Je n'ai jamais eu à envoyer de CV, à faire des entretiens d'embauche... Seulement pour être modèle vivante.

Donc, quand tu arrives à la ressourcerie, tu y trouves du sens ?

Il se trouve que je me questionnais beaucoup sur les déchets pendant mes études. C'étaient des questions qui prenaient beaucoup de place. En DMA aussi.

Ici tu as trouvé quelque chose d'adéquat avec tes questions ?

En fait, l'opportunité que j'y vois, quand j'arrive, tiens, c'est un lieu que j'aime, qui est tout nouveau, où tout est à faire. Ce qui m'enchante c'est de me dire que tout est à inventer dans cet endroit…. Des étagères au fonctionnement, il n'y avait rien. Du coup ça me bottait.

D'être pionnière ?

Oui ; c'est la première fois que je me retrouvais dans un endroit qui était en création. Quelle aubaine ! En plus il n'y avait personne au textile, et c'est un énorme pôle de réemploi…

Ta créativité peut-elle s'exprimer à la ressourcerie ?

Heu, non, parce que le lieu est à créer. Si tu veux, je n'ai jamais bossé plus de 26 heures par semaine, du coup j'ai aussi du temps à côté… J'ai continué mes trucs…

C'est important, du temps à toi ?

Oui, je ne bosserai jamais plus qu'un mi-temps. À un moment on est passés à 35 heures, ça m'a saoulée très vite.

C'est quoi la raison de ce choix, de ce mi-temps ?

La raison c'est que j'ai besoin que ce ne soit pas seulement un travail qui me nourrisse, j'ai besoin d'avoir une vie sociale, j'ai besoin d'avoir du temps pour créer des trucs à moi… pour partir 5 jours en Bretagne… J'ai besoin d'être un peu libre, quoi.

Je reviens au fonctionnement ; donc pas de hiérarchie. Ça veut dire que personne ne s'arroge le pouvoir ?

Ça ne veut pas dire qu'on n'exerce pas le pouvoir. C'est que chacun a le pouvoir selon ses compétences. Moi, au textile, j'ai tout le pouvoir. Par contre, je ne l'ai pas aux meubles.

En revanche pour les décisions qui nous concernent tous, on se met d'accord.

C'est plus un principe de responsabilité que de pouvoir.

Par contre si je ne suis pas compétente, il y a quelqu'un d'autre qui prend le poste, et je n'ai rien à dire. C'est difficile parce que ça demande beaucoup de temps, beaucoup de cadre… Cela demande du travail sur soi. Qui dit autogestion dit aussi manière de communiquer. C'est une manière de fonctionner qui ne marche pas si tu ne fais pas un peu de communication non-violente.

Sur quoi tu travailles, toi ?

Le difficile c'est la place de chacun. On a des boulots où il faut être très polyvalents… Plein de choses vont arriver qui vont te déstabiliser et il faut réussir à garder un peu son cap, apprendre à dire non, à marquer son territoire, à dire quand on n'est pas capable de faire aussi…

C'est quoi le plus dur ?

C'est de gérer les flux émotionnels de tout le monde ! C'est d'arriver à ne pas prendre les choses personnellement aussi.

Et l'égalité salariale, c'est un choix politique ?

Oui ; c'est un vaste débat… Il y en a qui ont besoin que leur ancienneté soit reconnue… Je n'ai pas besoin de ça. Par contre je trouve ça très chouette quand il y a des augmentations et que tout le monde en profite. Et surtout je trouve ça très chouette que quand quelqu'un arrive il soit tout de suite reconnu comme les autres. Le temps de quelqu'un ne vaut pas plus que le temps d'un autre, même s'il a plus de compétences…

S'il a envie d'apprendre, son temps a la même valeur. Il y a des moments où tu aimerais que ton travail soit plus reconnu que celui de ton voisin. Et en même temps c'est intéressant d'aller explorer les émotions que ça suscite… Si on n'explore pas ça, on ne changera jamais.

Si quelqu'un n'assume pas ce qui lui incombe, il se passe quoi ?

Ce qui peut arriver, c'est que quelqu'un dise qu'il va assumer une partie mais qu'il n'assume pas…

Je t'ai vue en colère l'autre jour contre la surproduction de vêtements dans le monde et le gâchis que ça implique…

Oui…

Je crois que 60 % des vêtements produits sur terre ne sont portés qu'une fois.

Je ne connais pas ces chiffres-là…

ressourcerie

Tu disais cette chose osée, que “ça n'a plus de sens d'acheter du neuf.”

Dans l'état actuel des choses, ça n'a plus de sens d'acheter des habits neufs. La quantité de vêtements existants, je pense que ça suffit. Bon, ce n'est pas forcément vrai parce que c'est de très mauvais qualité ce qu'ils font, les habits de maintenant… Ils sont beaucoup moins faits pour durer…

Si je vais au bout de ton raisonnement, l'idée serait de désindustrialiser la filière textile, et de la rendre à l'artisanat… le plus localement possible ? C'est quoi ton scénario ?

Je pense qu'il peut y avoir une partie de l'industrie qui peut être affectée au réemploi. Il faut s'habituer à autre chose, il faut changer ses normes, son confort, ses codes sociaux… Dans mon idéal tout devrait être local, et tout devrait être artisanal… Le problème en ce moment c'est que tu tu es artisan, tu t'adresses à des gens riches… Mon amie qui est relieur, elle ne s'adresse qu'à des collectionneurs fortunés…

C'est très difficile de penser une société utopique. On se rend compte qu'on n'y arrive pas…

L'important c'est de rechercher des autonomies successives. D'abord tu es autonome pour tes légumes, puis autonome pour ton eau… Petit à petit tu deviens autonome sur la viande, puis sur l'électricité, puis, etc, etc. Pour l'habillement, ce n'est pas pour tout de suite !

Tu ne fais plus de vêtements ?

Non, parce que je ne veux plus faire de choses nouvelles.

Qui fréquente la ressourcerie ?

La réponse ressemble à “tout le monde” ! Les bénévoles, il y en a pour tous les goûts, des retraités aux jeunes adultes, aux personnes en transition entre deux jobs, aux personnes au RSA, aux personnes qui s'ennuient… Et pour les usagers c'est un peu pareil, je ne pourrais pas nommer une catégorie de personnes particulières…

Notre conversation a dérivé vers d'autres sujets ; et le soir, le festif succédait au réflexif : la chorale Pirate donnait un concert dans l'herbe. C'était bon, ça sentait le soufre, la flibuste féminine. Et, pour faire le lien avec la Bretagne, voici les Penn Sardines !

Les penn Sardines

Voilà qu'arrivent les Penn Sardines.
À dix ou douze ans, sont encore gamines
Mais déjà pourtant elles entrent à l'usine. *Refrain*
Du matin au soir nettoient les sardines
Et puis les font frire dans de grandes bassines. *Refrain*
Tant qu'il y a du poisson, il faut bien s'y faire
Il faut travailler, il n'y a pas d'horaires. *Refrain* […]

Terrasse des Souribeys   MAS D'AZIL

septembre

2020

SÉNÉ

Patrick

le dessinateur
au sinagot

Goélette.

“J’ai longtemps tourné mon étrave vers les pays pauvres, là où je savais rencontrer les regards profonds, clairs, silencieux de ceux de la voile : jangadeiros, baleeiros, etc. Je regardais leurs mains et comprenais cette noblesse qui fait de l’homme un homme de mer.”

Yvon le Corre, *L’ivre de mer.*

J'ai rencontré Patrick dans les héroïques années des premières biennales du Carnet de voyage à Clermont-Ferrand. C'était au tournant du siècle : on découvrait, ébahis, le vivier des dessinateurs de voyage, des gratteurs acharnés de lointains. L'euphorie des commencements baignait notre surprise de constater la diversité des carnettistes ; il y avait Patrick Singh l'enragé d'Afrique, Claire Dupoizat et ses portraits attentifs, Anne Steinlein au trait sauvage, Yvon le Corre le poète de l'aquarelle et bien d'autres, France Dumas, Simon Hureau, Sarah Letouzey, Guillaume Reynard, Elsie Herberstein, Gaétan Nocq et j'en passe.... L'enthousiasme juvénile de Patrick a fait le reste. C'est à lui que je me suis ouvert en premier de l'idée de créer une association de dessinateurs vagabonds et engagés, qui ne tarderait pas à devenir les Carnettistes Tribulants. Le carnet de voyage avait le vent en poupe. Patrick a initié le premier numéro spécial de Pratique des Arts sur le sujet. De là, moult aventures communes – recherches d'éditeur, virées, salons et embardées – ont fait de nous des amis : nous avons écumé la banlieue, croqué des vieux, dessiné dans le Perche, griffonné des dragons en Chine… Nous nous sommes perdus de vue, éloignés et retrouvés avec beaucoup de plaisir en Bretagne. Patrick Colcomb crible ses carnets de croquis et d'aquarelles comme une averse crible un pare-brise. Il voit tout, il regarde tout, on a l'impression que rien ne lui échappe, la vue d'ensemble, les gens, leurs gestes, les outils du travail, les lumières d'un lieu. Sa curiosité infatigable est une émanation de son corps sans cesse en éveil ; les cinq sens aux aguets – en témoigne son “carnet des cinq sens” – concourent à faire de ces calepins des petits comprimés vitaminés de vie. Le plus clair de son temps libre, Patrick le passe avec un crayon à la main ; il a des yeux d'insecte, une vision panoramique, la fébrilité d'une guêpe qui butine tous les sucs. Il dessine, il annote, il inventorie, il légende, il ajoute des gags ; il colle des étiquettes, des bouts de ceci, de cela, de la sciure dans l'atelier bois et des copeaux de métal dans l'atelier du soudeur… Toujours sur des petits formats. Parfois, il en fait trop, il sature, il remplit, les pages étouffent sous les gribouillis. On sent qu'il se fiche du léché, du fini. C'est tout saisir qui compte, la vie hétéroclite, la vie fugace, la vie qui court. Ces carnets, il les appelle des carnets de vie. Ils grouillent de la vie nerveuse de leur auteur. À ces carnets de vie (200 au compteur !) s'ajoutent les carnets de voyage qui témoignent de la même pulsion d'inventaire – tout voir, tout sentir, tout noter – dans les lieux suivants… prenez votre souffle : Japon, États-Unis, Chine, Istanbul, Berlin, France, Éthiopie, Sénégal, Mauritanie, Tunisie, Égypte, Palestine, Iran, Péloponnèse, Tchéquie, Hongrie, Pologne, Azerbaïdjan, Géorgie, Inde, Grande-Bretagne, Écosse, Espagne.

> “Ce que j'aime c'est que c'est un bateau de travail…”

Ces carnets du monde respirent davantage, grâce aux délicieuses aquarelles que Patrick y dépose, pétillantes de couleur, vives de touche et d'esprit. Je tiens Patrick pour un aquarelliste de voyage brillant. Il est inventif. Impulsif. Et joueur. Il esquisse, colle, décolle, synthétise. Il se fiche de l'exactitude – quoique son trait soit juste – c'est l'impression qui lui importe, saisir l'instant, le fugitif, ce qui vient d'avoir lieu et déjà se dissipe. Il se moque souvent du détail car il ne s'agit pas de s'y perdre, mais de jeter une sensation brève sur la page. Il a un œil paysager, un œil qui se caractérise par sa fraîcheur, sa légèreté (il a le pinceau pinson, il sautille) et donc l'air qui y circule – et surtout une vraie liberté chromatique : si le mot coloris convient à quelqu'un, c'est à Patrick.

– Qu'est-ce que tu leur trouves, à ces Sinagots ?

– Ce que j'aime c'est que c'est un bateau de travail, un bateau à voile, qui est beau... J'aime à dire que le Sinagot est à Vannes ce que le percheron était à la Martinière ! ... C'est un bateau qui a des rondeurs, avec de telles grosses fesses... Quand j'ai vu ces sinagots ventrus, j'ai vu de la maternité là-dedans... Ils ont une face tranquille... Ce ne sont pas des navires de haute-mer, non, ce sont les bateaux spécifiques du Golfe, fessus, maternels, tranquilles...

– Des bateaux d'une sorte de mer intérieure, le Golfe du Morbihan ?

– Oui, oui, c'est ça.

– Donc un ventre maternel dans une mer intérieure protectrice ?

– Oui, ils ont cette tranquillité... J'ai navigué par gros temps, ils sont costauds... Ils sortaient aussi, allaient jusqu'à Concarneau... Je pense à Yvon le Corre, qui parle de cette force que le bateau donne à l'homme. C'étaient des bateaux sans radar, sans GPS, sans radio... Il y avait une relation très forte de l'homme avec son bateau...

– Et l'association alors ?

Conversation

Patrick, à peine avions-nous repris contact que tu me parlais de ton appartenance à une association de protection des sinagots ; ce sont ces bateaux indigènes du golfe du Morbihan… Raconte.

En fait j'ai toujours aimé la mer, les vieux bateaux. Quand on a projeté de venir vivre près de Vannes, nous avons exploré la région en vivant chez un cousin de Béatrice ; un jour il m'a dit : “Toi qui aime le bois, les bateaux, je vais t'emmener dans un endroit qui va te plaire.” Je me suis retrouvé sur le chantier de restauration d'un bateau de la marine qui lui avait été offert… J'ai passé une journée avec les charpentiers de marine, je les ai croqués… puis ils m'ont envoyé une photo du bateau restauré… Je l'ai trouvé extraordinaire. A telle enseigne que j'ai pensé : “J'aimerais faire la même chose en Bretagne !” Alors, une fois installé à Séné, j'ai découvert cette association sur Internet, Les amis du sinagot. Et, en explorant, je suis tombé par hasard sur un de ces bateaux… J'en suis tombé amoureux. Alors, après avoir rencontré Luc, je suis rentré dans l'association.

Qu'est-ce que tu leur trouves, à ces sinagots ?

J'aime qu'ils soient d'abord des bateaux de travail, des bateaux à voile, qui en plus sont beaux… J'aime à dire que le sinagot est à Vannes ce que le percheron était à la Martinière (leur maison précédente, dans le Perche)… Quand j'ai vu ces sinagots ventrus, j'ai vu de la maternité là-dedans… Ils ont une force tranquille… Ce ne sont pas des bateaux de haute-mer, non, ce sont les bateaux spécifiques du golfe, fessus, maternels, tranquilles…

Donc un ventre maternel dans une mère intérieure protectrice?

Oui, ils ont cette tranquillité… J'ai navigué par gros temps, ils sont costauds… Ils sortaient aussi, allaient jusqu'à Concarneau… Je pense à Yvon le Corre, qui parle de cette force que le bateau donne à l'homme… C'étaient des bateaux sans radar, sans GPS, son radio. Il y avait une relation très forte de l'homme avec son bateau…

Et l'association alors ?

Tous ces gens sont sympathiques… On a le même âge à peu près… Je suis devenu le croqueur en titre. Ça crée du lien. “Ah, il faut qu'on emmène notre croqueur !”

On voit que tout le monde te connaît, t'apprécie… et… te charrie…

Oui, on joue la carte humour ; je leur apporte mon regard, et en contrepartie ils me donnent leur côté marin ; j'ai beaucoup appris à leur contact, en terme de lâcher prise… “Laisse tomber, Patrick” me disent-ils quand ils voient que je me crispe…

Quel sens ça a pour toi de t'occuper de vieux bateaux qui n'ont plus d'utilité ?

D'abord le plaisir de travailler avec des charpentiers de marine… moi qui ai eu une formation bois, j'apprends le métier avec ces types… Il n'y a pas de hiérarchie, c'est agréable. On construit une nouvelle annexe pour rejoindre le mouillage du sinagot… Et il y a le plaisir de découvrir la navigation dans cet endroit sublime… J'ai découvert le golfe par la mer !

> “Ce sont des bateaux fessus, maternels, tranquilles…”

Tu peux me raconter un moment particulièrement pittoresque ?

Un de mes meilleurs souvenirs de navigation en sinagot, c'est la fête du Golfe en 2019… Nous sommes partis du petit port du Bono dans la brume matinale et nous étions constamment obligés de sonder la profondeur du chenal, à l'ancienne (un poids plongé au fond de l'eau au bout d'une ficelle et des coups de corne de brume pour éviter de nous saborder), puis soudain le soleil s'est levé. Autour de nous apparaissaient des fantômes de voiliers, puis des reflets éblouissants de misaines et grandes voiles dans l'eau grise métallique… Il y avait une magnifique harmonie et cette vision de la lumière reflétée… Le silence était total. Juste le clapotis. Puis le vent s'est levé. Nous avons mis le cap vers le point de rassemblement pour un défilé parade. Nous étions 1 200 voiliers anciens toutes voiles dehors, coque contre coque, attendant le signal du départ ! Une tension extrême entre chaque équipage régnait pour éviter de nous saborder. Soudain nos trois sinagots ont pris l'avantage en passant en tête de cette armada car nos voiliers symbolisent le golfe du Morbihan. J'avais ce ressenti d'être dans une bataille navale des siècles en arrière en regardant le bouillonnement de notre sillage et la clameur de tous ces marins, en voyant ces voiliers qui nous suivaient… Des moments très forts que j'ai dessinés sur le vif nerveusement comme les peintres de la Marine. Je ressens encore en les regardant cette tension que j'ai libérée par le trait et les tâches de peinture mêlées aux embruns salés…

SINAGOT
Le MAB ER GUIP au port
MAB ER
Joli-Vent

Patrick Colcomb
à l'aquarelle

PATRICK

Petite conversation entre amis autour d'une bière

— Patrick, à peine avions-nous repris contact que tu me parlais de ton appartenance à une association de protection des Sinagots, ces bateaux indigènes du Golfe du Morbihan... Raconte.

— En fait, j'ai toujours aimé la mer, les vieux bateaux. Quand on a projeté de venir vivre près de Vannes, nous avons exploré la région en vivant chez un ~~ami~~ cousin chéri de Béatrice ; un jour il m'a dit : "Toi qui aimes le bois, les bateaux, je vais t'emmener dans un endroit qui va te plaire." Je me suis retrouvé sur le chantier de restauration d'un bateau de la Marine qui lui avait été offert... J'ai passé une journée avec ces charpentiers de marine, je les ai croqués... Puis ils m'ont envoyé une photo du bateau restauré... Je l'ai trouvé extraordinaire, à telle enseigne que j'ai pensé : "J'aimerais faire la même chose en Bretagne !" Alors, une fois installés à Séné, j'ai découvert cette association sur Internet, "Les amis du Sinagot." Et, en explorant, je suis tombé par hasard sur un de ces bateaux... J'en suis tombé amoureux. Alors, après avoir rencontré Luc, je suis entré dans l'association...

septembre

2020

SULNIAC

Titi

le sculpteur
d'eau douce

– Il y a deux méthodes : celle-là, par exemple c'est un pot d'échappement de mobylette, … si je le mets comme ça, j'ai déjà une silhouette d'oiseau.

Il peut donc y avoir deux processus : un objet qui va emmener vers un animal, ou bien la décision de faire un martin-pêcheur, dans ce cas tu vas chercher des objets qui peuvent l'exprimer…

– C'est ça… Le héron, le grand, je suis parti d'un réservoir moto…

– C'est venu comment, cette idée de souder, de

“Gatzo prit quatre éperlans et une loche. Moi, un vairon. Dès lors nous menâmes une vie passionnante. Nous avions dans nos mains la nourriture ! Quelle nourriture ! Car ce n’était pas là un aliment banal, acheté, préparé, offert par d’autres mains, mais notre nourriture à nous, celle que nous avions pêchée nous-mêmes.”

Henri Bosco, *L’enfant et la rivière*

Nous étions en vadrouille dans la forêt de Brocéliande... Comme par hasard – Merlin l’enchanteur avait dû ensorceler notre véhicule – nous sommes tombés, à Paimpont, sur un marché d’artisanat. Là, un tas de ferrailles animalières nous a aussitôt tapé dans l’œil : il y avait un artiste derrière ces tôles admirablement galbées en oiseaux aquatiques, en poissons, en insectes, une impeccable pureté de formes que soulignait encore l’humour de ce travail. Indéniablement, ces œuvres étaient le fruit d’une longue pratique de la contemplation du monde naturel, d’une part, et du garage moto, de l’autre.

Thierry Jacques, alias Titi Camboui, nous reçut trois jours plus tard dans son atelier, à Sulniac au nord de Vannes. Un bestiaire enchanté et cocasse nous attendait. Échassiers, batraciens, reptiles, coléoptères soudés à l’arc ; et chaque sculpture est ironiquement baptisée : Jeannot turbo, Clairon, Victor Picvert, Mantalo la mante religieuse... Un superbe boulot de métallo. Le travail des corps d’oiseaux avec des réservoirs de moto, ce n’est pas du bidon. Titi touche à l’essence des volatiles, si l’on peut me permettre ce jeu de mot oiseux. Et j’allais découvrir qu’une authentique démarche écologique sous-tend cette œuvre de récup.

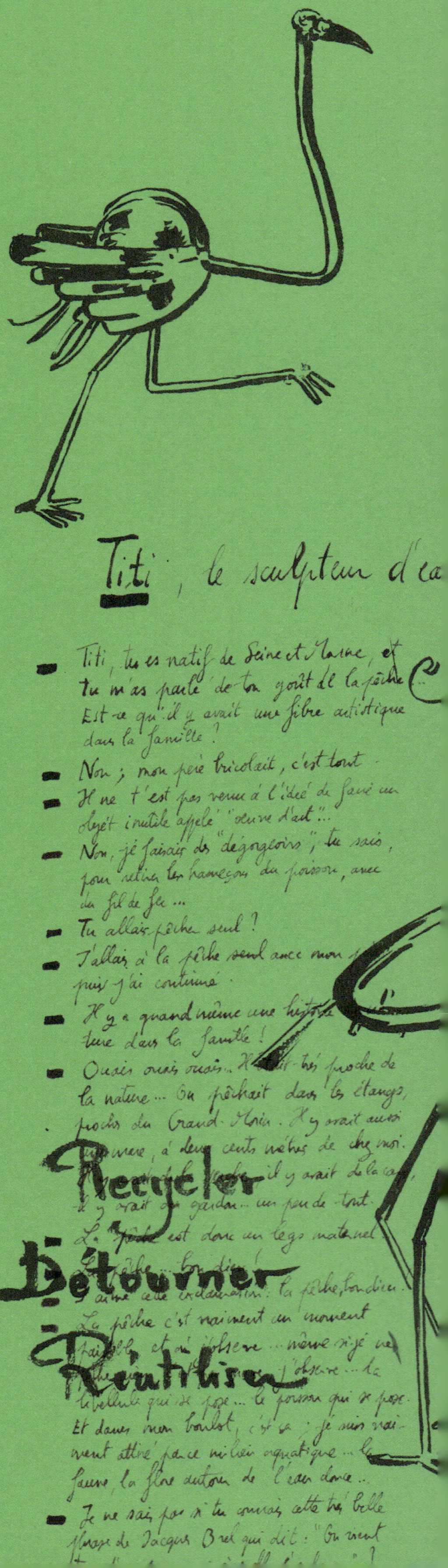

Conversation

Titi, tu es natif de Seine-et-Marne, tu es venu en vacances en Bretagne, et tu vis maintenant dans le Morbihan... Tu sculptes... Est-ce qu'il y avait une fibre artistique dans la famille ?

Non ; mon père bricolait, c'est tout.

Il ne t'est pas venu à l'idée de faire un objet inutile appelé "œuvre d'art" ?

Non, je faisais des dégorgeoirs, tu sais, pour retirer les hameçons du poisson, avec du fil de fer...

Tu allais à la pêche seul ?

J'allais à la pêche avec mon père, puis j'ai continué.

Il y a quand même une histoire de nature dans la famille !

Ouais, ouais, ouais... Mon père était très proche de la nature... On pêchait dans les étangs proches du Grand Morin. Il y avait aussi une mare, à 200 mètres de chez moi. Il y avait de la perche, il y avait de la carpe, il y avait du gardon. Un peu de tout. La pêche, c'est vraiment un moment paisible, où j'observe... même si je ne pêche rien, c'est pas grave, j'observe... La libellule qui se pose... le poisson qui se repose... et dans mon boulot de sculpteur, c'est ça : je suis vraiment attiré par ce milieu aquatique... La faune, la flore autour de l'eau douce...

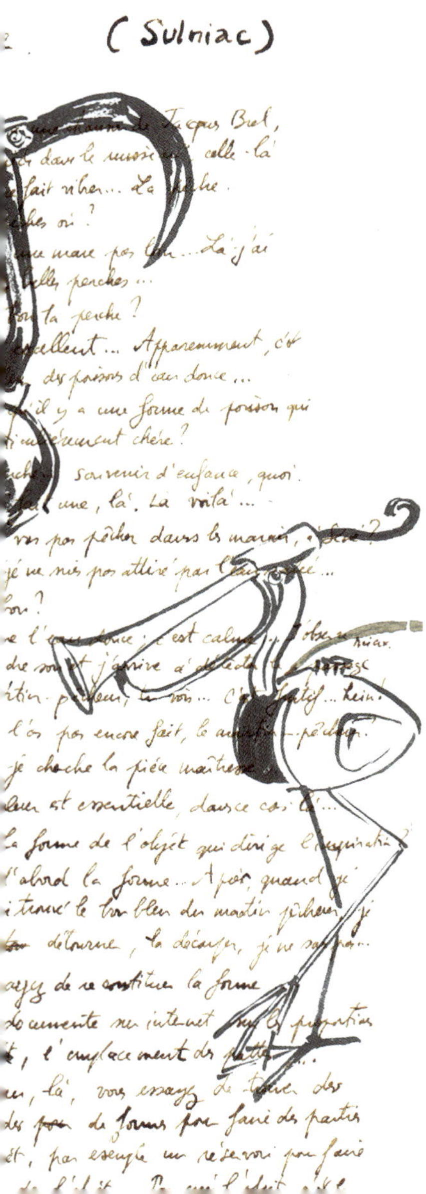

Je ne sais pas si tu connais cette phrase très belle de Jacques Brel qui dit : "On vient tous d'un pays qui s'appelle l'enfance"... ?

Il y a une autre chanson de Jacques Brel, *Les pieds dans le ruisseau*... Celle-là elle me fait vibrer...

Tu pêches où ?

Dans une mare pas loin... Là, j'ai pris des belles perches...

C'est bon la perche ?

C'est excellent... apparemment, le meilleur des poissons d'eau douce...

Est-ce qu'il y a une forme de poisson qui t'est particulièrement chère ?

La perche... des souvenirs d'enfance, quoi. J'en ai fait une, là.

Tu ne vas pas pêcher dans les marais, à Séné ?

Non, je ne suis pas attiré par l'eau salée...

Ah bon ?

J'aime l'eau douce ; c'est calme… j'observe mieux. Le moindre son et j'arrive à détecter le passage du martin-pêcheur, tu vois… c'est furtif…

Tu ne l'as pas encore fait, le martin-pêcheur ?

Non, je cherche la pièce maîtresse…

La couleur est essentielle, dans ce cas-là. C'est la forme d'un objet qui dirige ton inspiration ?

Oui, d'abord la forme… après, quand je vais avoir trouvé le bon bleu du martin-pêcheur, je vais la détourner, la découper, je ne sais pas.

Tu essayes de reconstituer la forme ?

Oui, je me documente sur Internet sur les proportions de l'objet, l'emplacement des pattes…

Tu essayes de trouver des similitudes de forme. Pour faire des parties de l'objet, par exemple un réservoir pour faire le ventre de l'oiseau, comment tu procèdes ?

Il y a deux méthodes : celle-là, par exemple c'est un pot d'échappement de mobylette… si je le mets comme ça, j'ai déjà une silhouette d'oiseau. Un objet qui va emmener vers un animal ; ou bien la décision de faire un martin-pêcheur…

Dans ce cas tu vas chercher des objets qui peuvent l'exprimer…

C'est ça… le héron, le grand, je suis parti d'un réservoir moto…

C'est venu comment cette idée de souder, de sculpter ?

Je me suis formé en mécanique moto quand j'avais 30 ans, parce que j'avais pour rêve de monter un atelier de motos anciennes ; je l'ai fait, et j'ai crevé la dalle pendant sept ans…

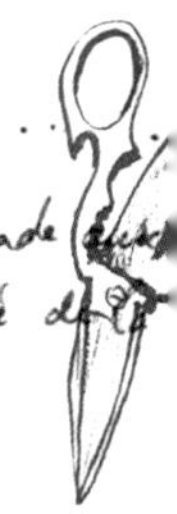

Tu avais 30 ans.

Je me suis reformé… car j'avais un BTS assurance au départ, je ne voulais pas glandouiller à la fac… Ce qui m'aurait plu c'est de faire les Beaux-Arts… mais bon…

Tu crèves la dalle pendant sept ans, à travailler sur des motos anciennes…

Donc, j'ai pris la décision d'arrêter. C'était dur. C'étaient mes rêves. J'étais motard.

Entre crever la dalle avec les motos anciennes et crever la dalle avec la sculpture, tu as choisi la sculpture…

Non, j'ai fait des petits boulots alimentaires, agent d'entretien, des trucs comme ça…

« Je suis écologiste depuis que jé suis môme »
— "Écologie", ça te fait quoi, le mot, le mouvement ?
— Ben jé le suis, écologiste, depuis que jé suis môme.
— (...)
Pluvier.
Vanneau huppé.
Ibis.
Héron.
Grue.
Bécasse.
Bécasseau.
Bécassine.
Sarcelle.
Écrevisse.
Crapaud.
Titi, dans son atelier, joue de « La Contrebassine »
1 Poubelle
1 Manche à balai
1 Cable gainé
+... la banane !

Mais quand tu as décidé d'arrêter, tu étais déjà sculpteur ?

Je commençais, oui, j'avais mes vieilles pièces de moto… Et là, ouais, il y avait un oiseau.

Ça a commencé par les oiseaux ?

Les poissons. J'en ai fait un… Ah, ça plaît ! Deux… Ça plaît encore ! Trois… Première petite expo dans une boutique, bon, ça marche, bon, bah, allez, je continue, je m'accroche… et ça fait deux ans que je ne fais plus que ça… je ne suis pas vieux dans le métier !

Plus de boulot alimentaire donc ?

J'ai arrêté l'année dernière, quoi. Je m'en sors. Je roule pas sur l'or, mais… on s'en tire.

En fait, la pêche pour toi c'est un moment de méditation?

Oui, même si je ne pêche pas… Je suis bien…

Bien avec toi-même.

Je cogite beaucoup ; je… le négatif…

Ce sont des moments de travail intérieur…

Oui je travaille… Je m'en inspire… Les pigeons qui viennent en bordure de forêt…

C'est un mode de vie pour toi, ça ?

Oui, une liberté ! Ça n'a pas de prix.

Une liberté ?

Oui, plutôt que d'aller au chagrin !

Tu as une préférence pour telle ou telle sculpture ?

La dernière que j'ai faite ; je progresse. Quand j'en vends une, j'ai un petit pincement… L'hippocampe, là… Je suis à plus de 20 heures…

Tu travailles tous les jours ?

Non…

C'est uniquement du métal de récup ou tu fais aussi des achats ?

Rarement. Le fer à béton, j'achète. Ça se travaille bien.

C'est un choix, ça, de donner une deuxième vie aux objets?

J'aime pas le gâchis. Quand je vais à la déchetterie et que je vois le gâchis, je suis outré. Quand j'évite la casse à un objet, je suis content.

Le silence, c'est important ?

Non, pas trop… Si, quand je me ballade avec la chienne ; je m'assois sur un tronc, à la tombée de la nuit, je guette et… elle sent tout…

As-tu un oiseau favori ?

J'aime bien le martin-pêcheur, le geai, la corneille, le rouge-gorge… j'aimais observer les oiseaux, enfant…

Les coquelicots, c'est quoi, de la carrosserie ?…

De la tôle… Je l'ai peinte et vernie…

Ce que j'aime dans certains de tes travaux, c'est la pureté. Tu n'en fais pas trop.

J'arrive à m'arrêter ; c'est compliqué…

Il y a un certain classicisme dans la clarté de l'objet, une efficacité, une immédiateté… Tu vois tout de suite l'adéquation entre les déchets industriels et l'animal… Le mot "écologie", ça te dit quoi ?

Je respecte la nature depuis que je suis môme… Je me suis tapé des colères ! Des gens qui jetaient leur cendrier par la fenêtre…

Tes oiseaux, tes poissons et tes insectes sont des sortes de rescapés…

Mes bestioles sont des mutations. Je les vois comme une adaptation du monde animal face à nos déchets… Ils se transforment avec nos déchets… Ce sont des mutants.

La conversation se poursuit dans l'atelier, où l'enchanteur ne cesse pas ses facéties : il nous offre un petit concert de… contrebassine. Et nous reprenons la route, à la recherche d'une maison… Nous nous promettons, si nous trouvons un havre de vie, d'acheter une sculpture à Titi.

"Les animaux se transforment avec nos déchets. Ce sont des mutants."

transformer

Titi à la pêche aux perches
L'étang aux pêches
SULNIAC

avril
mai
2021
CACHAN
juin
2022
PONT-SCORFF

Li

une chimiste
au jardin

“Jardiner, c’est accompagner le temps.”

Gilles Clément

Interrompu, le voyage vert… Nous déménageons. Enfin, n’exagérons rien, nous voulons déménager. Nous essayons. Quitter la banlieue pour la Bretagne ? Adieu Val-de-Marne bien-aimé ? Oui, nous avons décidé, à 60 ans, de changer de vie. Nous avons eu un coup de foudre pour une maison en bord de rivière, à Pont-Scorff, aux lisières du Morbihan et du Finistère. Cependant, entre la vente compliquée d’une maison et l’achat d’une autre, nous traversons les affres du doute. Attentes… visites… Affres tout relatifs. En attendant, incertains de parvenir à vendre, nous persistons à être voltairiens, à savoir cultiver notre jardin. L’occasion de faire le point sur ce jardin tant aimé – vingt ans de vie et de travail : siestes, jeux d’enfants, batailles d’eau et feux d’automne, concerts, lectures indiennes, fêtes galantes et portes ouvertes, karaokés, courgettes et ventrées de prunes, peinture en plein air au mois de mai, neige rare, orages superbes, expositions dans l’herbe, manuscrits enterrés avec les chats, dîners sans fin sur la terrasse – qu’est-ce que nous n’avons pas vécu dans ce jardin ? Nous l’avons choisi, il y a vingt ans, il ne nous a pas repoussés, et il n’a cessé de s’épanouir, de se métamorphoser, entre les plantations d’arbres, les sculptures de récup et l’art des fleurs, dont Li détient le secret – rhododendrons et iris, bourrache ou roses anciennes, muguet, arums… Attention ! la nostalgie est en embuscade, cessons l’inventaire. Nos jardins expriment notre liberté ; celle, en tout premier lieu, de ne pas être assigné à la place que nous a donnée la société, d'une part, ni à celle qu'on s'est assignée soi-même. Pour dire les choses plus simplement, le droit de changer de métier, ou d'en exercer plusieurs à la fois. Difficile de sortir des sentiers battus, surtout ceux qu'on a battus (et ramollis) soi-même. Li, à mes yeux, est une femme libre. Une femme affranchie. Elle est devenue libre. D'abord chimiste dans la Chine post-maoïste des années 1980, elle a été successivement chercheuse, boulangère, journaliste, chef d'entreprise, médiatrice culturelle, organisatrice de voyages, interprète, guide – et j'en passe. La voici horticultrice et maraîchère. À la faveur du confinement, sa main verte a pu reprendre du service. J'ai narré dans *Apologie de l'arrosoir* cette genèse heureuse du potager. Dès le 17 mars 2020, elle s'est mise en demeure de faire germer toutes sortes de choses. La terrasse de notre maison – il est vrai tout ensoleillée pendant ce mois d'avril – se transforma en pouponnière de petites pousses. La joie qui l'habitait de les voir surgir, jour après jour, faisait la mienne. Ma femme se remit à chanter. Comment signifier de façon plus éloquente la renaissance intérieure d'une personne que de dire : elle chante en travaillant !

Un an plus tard, cette liberté s'épanouit de nouveau, amplifiée par la transformation inopinée d'un atelier en serre botanique. Début avril, ce lieu devient un havre de lumière. Oseille, basilic violet, ciboulette – les herbes habituelles – mais aussi jasmin, belles de nuit, pivoines, capucines – fleurs invitées – mais encore un citronnier, des gourdes, des légumes chinois "non identifiés" – poussent leur verdure pétulante dans ce cube chaud et translucide. Chaque jour, elle leur rend visite. Je vois sa main leste qui sème, arrose, trie. Je vois scintiller les gerbes d'eau dans la danse de l'arrosoir. Je l'entends s'exclamer : "Les aubergines sont sorties !" ou se désoler : "Les limaces ont bouffé tout mon basilic !" Elle est libre, la maraîchère, dans le cadre étroit d'autres contraintes : celle du climat, du terreau, des micro-organismes, des limaces...

Comment est venue cette liberté de Li ? Multiples en sont les causes ; historiques, géographiques, familiales, conjugales, intimes. Il est hors de notre portée de remonter l'arbre généalogique des causes. Dans le cas de Li, sa naissance en Chine, lors d'un moment épique de son histoire, est un pur déterminisme. Pour faire court : la civilisation chinoise est d'essence paysanne. Et le goût des fleurs fait intimement partie de l'ADN esthétique chinois. Par ailleurs, elle naquit au début des années 1960, au moment où sévissait le Grand Bond en avant, sans doute la plus grande famine de l'histoire humaine. Entasser des choux dans de grandes fosses pour survivre à l'hiver était une nécessité vitale. Li eut la chance de passer sa petite enfance à la campagne, nourrie et protégée, ainsi que sa fratrie, par sa grand-mère maternelle.

> "De 2 à 7 ans, j'ai vécu ma petite enfance à la campagne."

Dans le terreau de notre psyché, l'enfance occupe à mon avis la plus grande part. Li devint ingénieur chimiste. Lorsque, 30 ans plus tard, ayant choisi la France pour patrie, elle me rencontra, j'avais un jardin. La naissance de l'amour coïncida avec la renaissance des fleurs. Le terreau de l'enfance dans la Chine du Nord venait d'être réactivé. Cette liberté des fleurs retrouvées et les semis de légumes ne devaient plus rien à la nécessité. Les supermarchés et les épiceries étaient pleins alentour. Survivre n'était plus d'actualité. Les dahlias, c'était pour la beauté du geste.

Dans les années qui suivirent, après un déménagement, le jardin s'agrandit. Elle s'occupait des plantes, je soignais les arbres. Jardin à quatre mains. Tomates. Framboises... Cerises... Prunes... Nous étions des jardiniers apprentis. Sa main, pourtant, était décidément verte. Tout ce à quoi elle touchait prospérait. Soudain, le virus. En France, mars 2020. Nous habitions à Paris. Avant tout le monde, elle flaira le confinement. Le 17 mars au matin, nous étions rentrés chez nous. À la maison c'est-à-dire au jardin.

Conversation

Est-ce que, dans ton enfance, la forêt était présente ?… dis-je.

Non, c'était la campagne, répond-elle, des collines boisées. Je me souviens des rangs de peupliers et de saules, c'étaient les grands arbres qui balisaient les villages. Et pour nous, ça indiquait l'arrivée chez ma grand-mère. De 2 à 7 ans, j'ai vécu ma petite enfance à la campagne, dans le nord-est de la Chine.

Ce sont des paysans, tes grands-parents ? demande Jean-François.

Depuis ma naissance, oui. Auparavant, non, ils vivaient en ville ; mon grand-père avait huit frères et sœurs qui ont hérité de terres à la campagne. Quand les communistes sont arrivés, ils ont confisqué leurs biens. Ils ont dû s'installer dans leur campagne. Mais leurs terres ont à nouveau été confisquées. Là, ils ne pouvaient plus bouger. Ils avaient une toute petite maison à la place de leur grande.

Donc tu as vu faire les gestes paysans par tes grands-parents ?

Mon grand-père, quand il est sorti de prison, j'avais six ou sept ans, je l'ai vu : il devait aller tous les jours aux champs, les outils sur l'épaule, et ma grand-mère s'occupait de tout à la ferme ; on avait des poules mais pas de cochon, parce qu'on faisait partie de la catégorie des gens qui n'y avaient pas droit.

C'est fou d'entendre ça… Comment ça a pu s'établir des choses pareilles ?

Ça, c'est l'histoire de la Chine… Les communistes une fois au pouvoir ont confisqué la propriété privée, la terre appartenait à l'État – et tout revenait à la communauté ; tout le monde allait aux champs et la communauté redistribuait les points comptés chaque jour à la fin de l'année selon les récoltes – combien de points correspondent à combien de céréales – et tout était distribué selon ces calculs. Pour les anciens propriétaires, si tu arrivais à tel ou tel degré de richesse, tu faisais tant d'années de prison, et après ces grandes propriétés devenaient des sortes de communes, des mairies si tu veux. Les paysans vivaient eux dans des maisons de terre sèche. J'ai vu construire ces maisons avec des briques de terre non cuites. Ils faisaient le lien avec de la boue et un peu de paille pour que ça tienne. Le toit pareil, en paille. Si quelqu'un avait un toit de tuile, c'était déjà quelqu'un de très riche ; mes grands-parents avaient la seule maison de briques dans un très grand périmètre. C'étaient les seuls "nobles" de la commune.

Est-ce que tes grands-parents avaient un potager ?

Oui.

Est-ce que tu t'en souviens, tu en as des images ?

Oui ; des images très claires. Ce potager avait une surface attribuée selon le nombre de personnes. Ma grand-mère cultivait tout ce qui peut se planter dans la région, haricots verts, poivrons, concombres, aubergines, tomates – très peu –, choux, beaucoup de choux, pommes de terre et patates douces. Tandis que les maïs, les céréales, c'était la commune qui les fournissait aux familles.

Tu la visualises travaillant dans le potager ?

Oui, oui. Je la revois. Tout ce qui est épluchures de cuisine, on le donne aux poules. Nous, les petits, quand on a l'âge de prendre le hachoir, on doit couper ces déchets en petits morceaux, en les mélangeant à la farine de maïs… En hiver, c'est très rude, ça peut descendre à moins trente pendant trois mois. Quand on arrive au mois d'octobre, il commence à faire froid, il n'y a plus rien… Au milieu du potager, on creuse un énorme trou, comme cette pièce – 3 mètres sur 4 sur 1 mètre de hauteur. Dans ce trou il y a des armatures en bois et au-dessus on met de la paille pressée, et puis de la terre, comme une toiture. Autour on installait une palissade pour ne pas tomber dans le trou… On laissait un petit espace, on descendait avec une échelle et tout ce qui était pommes de terre, carottes, choux, pommes, constituait la réserve de la maison…

C'était le garde-manger sous-terrain, en quelque sorte…

Oui, à la température constante de la terre. N'empêche que les choux et les carottes entassés en bas, il fallait une couverture dessus. Ou bien de la paille de maïs ou de blé. Et d'un autre côté, on faisait un grand lancer d'eau, on s'amusait, ça glaçait tout de suite… C'était notre patinoire.

Ce ne sont pas des souvenirs malheureux ?

Absolument pas. On était très heureux. On était vêtus avec du coton épais comme ça, des vraies boules, et on sortait, le grand-père ficelait deux rangées de fer sous nos chaussures assez épaisses pour glisser… On avait aussi des planches carrées comme ça, avec deux supports de bois et deux fils de fer glissants… Devant il y avait une courroie qu'on tirait…

Une sorte de luge de glace ? demande Jean-François.

Oui ; une fois qu'il avait neigé, ça ne fondait que fin février… Quatre bons mois d'hiver !

Est-ce que tes grands-parents avaient un désir de vous transmettre quelque chose ?

Non. C'était la survie. Pour nous c'était l'école, l'école, l'école…

Survie, tu as dit ?

Pour ma grand-mère, oui ; pour nous, en dehors de l'école, c'étaient les vacances ; on nous faisait travailler un peu, mais on n'était pas censés être paysans… Ma grand-mère n'avait pas le choix de faire ça.

Elle espérait que vous ne deviendriez pas paysans.

Ah non ! Elle était la demoiselle d'une famille bourgeoise ; elle est venue avec toutes ses belles robes…

La Chimiste au Jardin

Saule luisant (Salix lucida).

Peuplier blanc (Populus alba).

– Est-ce que, dans ton enfance, la forêt
– Non, c'était la campagne, des collines boi
me souviens des rangs de peupliers et de
les grands arbres qui balisaient les villag
ça indiquait l'arrivée chez ma grand-m
j'ai vécu ma petite enfance à la campagne
de la Chine.
– Tes grands-parents étaient paysans ?
– Depuis ma naissance, oui ; auparavant,
en ville. Mon grand-père avait huit frères
hérité de terres à la campagne ; quand le
arrivés, ils ont confisqué leurs biens. Ils
sur leurs terres ; mais leurs terres ont été
Là, ils ne pouvaient plus bouger. Ils ava
petite maison à la place de leur grande
– Tu as vu faire les gestes paysans par tes
– Mon grand-père je l'ai vu, quand il
j'avais six ou sept ans, il devait aller t
champs, les outils sur l'épaule, et ma gr
s'occupait de tout à la ferme ; on avait des
cochon parce qu'on faisait partie de la
qui n'y ont pas droit.
– C'est fou d'entendre ça…
– Ça, c'est l'histoire de la Chine… Les com
fois au pouvoir ont confisqué la propriété
appartenait à l'état – et tout appartenait
Tout le monde allait aux champs et la co
buait les points comptés chaque jour à la
les récoltes – combien de points correspond

Elle s'est retrouvée paysanne forcée…

Comme des millions de Chinois… Le dernier empereur a fini jardinier.

Il n'a pas si mal fini.

Le climat était rude… Froid, froid… Les outils, ce n'était pas comme maintenant. Ils n'étaient pas si efficaces.

> “Tout était fait de main d'homme.”

Il n'y avait rien de motorisé à l'époque ?

Il y avait un tracteur par commune… Juste pour transporter les récoltes. Tout était fait de main d'homme.

Ça fait des années que tu touches la terre, à Cachan, et maintenant ici à Pont-Scorff… Tu ne penses pas qu'il y a une espèce de boucle du temps qui s'est créée… consciente ou inconsciente, avec cette petite enfance ?

Non, je ne vois pas les choses comme ça ; je ne creuse pas dans l'inconscient ; ce sentiment envers la nature, peut-être qu'en Occident on fait le lien avec l'enfance, mais moi j'avais le sentiment d'aimer la nature même en tant que citadine… Quand tu as planté quelque chose toi-même et que tu le vois pousser c'est une jouissance, tout simplement.

Ta petite enfance paysanne a quand même eu un impact très fort sur toi.

Hum… On était quatre, et il n'y a que moi qui cultive ; ma sœur et mon frère aussi ont été forcés de travailler aux champs pendant quatre ans…

On peut faire un bond en avant… À l'âge de six ans, tu réintègres la ville pour aller à l'école.

Oui, une petite ville… de 700 000 habitants.

Il y avait des jardins partagés ?

Non, par contre certains copains avaient des petits jardins à la maison, une vigne avec des raisins ou bien quelques tomates… Je continuais à aller chez mes grands-parents. De 7 à 15 ans, deux fois par an, je retournais en vacances chez eux… À l'époque on ne voyageait pas.

Tu as un souvenir d'enfance lié à un animal ?

J'ai beaucoup aimé avoir un chat ; celui du voisin… Nous, on avait pas le droit.

Pourquoi ?

Garder un chat, c'était capitaliste. Dans la campagne du Nord-Est, le lavage de crâne, c'était assez féroce… Même maintenant. Ça revient…

Tu n'as plus touché la terre jusque tard dans ta vie ?

Si, j'ai un très beau souvenir. La ville de Jinzhou, tout autour c'était une grande production de pommes. Et on avait beaucoup de variétés… Même Mao avait écrit un article là-dessus. Comme on avait beaucoup de dettes envers la Russie, je me souviens très bien que tous les automnes, ils nous envoyaient pour cueillir les pommes ; on avait le droit de manger tout ce qu'on voulait. Mais on n'avait pas le droit de croquer une bouchée et de la jeter ! Si tu l'avais entamée, tu devais la finir. Quand les pommes viennent d'être cueillies, il y a une acidité très grande… On était très contents de les manger. On a appris à traiter les pommes comme des œufs. Tu ne les jettes pas, tu ne les cognes pas, sinon ça laisse des traces, tu les mets une par une dans des grands paniers en osier… comme des œufs.

Respect… délicatesse, dit Jean-François.

J'ai un très bon souvenir de ces moments collectifs, c'était très joyeux : on habitait chez les paysans, on ne mangeait que végétarien, on avait une soupe de riz le matin avec quelques légumes salés, à midi du tofou, c'étaient les seuls protéines et le soir c'était le bai cai, le chou chinois… On était tellement contents d'aller écouter les profs nous raconter des histoires…

C'est sûr, dis-je, taquin, qu'il n'y a aucun lien avec la Bretagne… qui est une terre de pommes… Dans le champ visuel, je vois cinq pommiers… Ma propre grand-mère me rendait fou de plaisir en m'amenant des bouteilles de jus de pommes de Charente… dont je n'ai jamais retrouvé le goût depuis, bien sûr.

Nous on ne faisait pas de jus, on ne faisait que croquer. C'est comme le lait, la quantité ne suffisait pas pour faire du fromage… Chez nous on achetait des quantités de pommes incroyables qu'on mettait dans le couloir, où ça se conservait bien, même entassées…

Je t'écoute, mon imaginaire s'en va… dit Jean-François. Des images se forment…

C'est difficile à imaginer la Chine de cette période. Politiquement parlant, la Révolution culturelle c'est monstrueux ; personnellement, ça a été une tragédie pour mes grands-parents mais

cueillir

89

nous, on n'a pas souffert de ça ; mes parents nous ont protégés... Ils ne nous racontaient pas ça, on vivait sous leur protection, tout nous paraissait normal. Dans certains contextes seulement on se rendait compte qu'on n'était pas comme les autres... Mais il y a tellement de gens qui ont été marqués à vie par la Révolution culturelle... Quand mon père a été envoyé à la campagne, on disait : “Pourquoi Papa n'est pas là ?” Ils étaient obligés de nous dire, mais ils allégeaient la situation...

Poireau.

Des travaux forcés en somme pour lui.

Oui, pendant trois ans. Mon père était journaliste... Il avait écrit des articles qui critiquaient... Plus tard, il aurait risqué encore pire... Comme il a été mis à l'écart tôt, en quelque sorte à la campagne il a été préservé.

Entre ton enfance et notre rencontre en 1998, tu n'as pas eu de jardin ?

Non. Quand j'étais une citadine, je n'avais aucune vocation à m'occuper d'un jardin. La première fois que j'ai eu l'occasion de faire quelque chose, c'est quand je t'ai rencontré. “J'aimerais bien planter quelque chose”, ai-je dit. J'ai semé des carottes, des radis, et toi dessus tu as mis du gazon, tu as dit “Ça sera joli !” Et on a eu des carottes minuscules, des radis comme ça...

Aubergine

Je pensais que les radis poussaient mieux au milieu d'un joli gazon anglais...

Le jardin du 46, ça n'a pas duré. En 2000, on est partis en Chine... La vraie occasion s'est présentée au 69 boulevard de la Vanne ; on n'avait même pas signé l'achat qu'on plantait le cerisier... On avait loué la petite maison là-haut. Je voulais absolument un cerisier... J'ai dit à Jean-Yves, “Si on peut acheter cette maison, tant mieux, on aura un cerisier, sinon on le donnera au prochain acheteur...”

Dans ma vie de jardinier, ou plutôt d'opportuniste qui s'est aperçu qu'il y avait tout lieu de recourir à l'autonomie, dit Jean-François, de devenir le plus autonome possible pour notre nourriture tant pour sa qualité que pour sa rareté, mon propos c'est à quel moment je me suis dit le jardin me devient indispensable... Maintenant je ne peux plus m'en passer... Voilà, c'est ce retournement-là qui... J'aime bien voir ces retournements dans ma vie... À propos du jardin je ne peux plus me mentir : j'en aurai besoin jusqu'à la fin de mes jours... À un moment, tu as senti cette nécessité intime, qui fait partie de toi ?

“Chaque fois qu'on mange un produit du jardin, c'est une vraie joie.”

Je ne me suis même pas posé la question... C'est tellement évident, à partir du moment où on a vécu dans une maison avec jardin, jamais sans jardin, ni pour moi, ni pour Jean-Yves... Je n'ai pas cette notion d'être autonome, car je ne me fais pas de souci pour l'alimentation, par contre pour ce qui est de produire nous-mêmes, j'ai cette jouissance ; chaque fois qu'on mange un produit du jardin, c'est une vraie joie. Avec le métier que je fais, je ne serai pas autonome… Je voyage, je m'absente pendant un mois… Un paysan ne s'absente pas de sa terre pendant un mois… On alterne avec Jean-Yves pour que le jardin soit entretenu bien correctement. C'est pour dire, j'étais tellement triste en rentrant de la Chine de voir que le jardin était délaissé…

… à l'abandon…

On s'y est remis tout de suite.

Pourquoi ça été tellement fort, le 17 mars ? On est rentrés de Paris, tu as sorti tous les sachets de graines qu'on avait… C'était très important pour toi !

Ça m'a manqué… Presque deux ans à Jussieu… Je me suis dit “Enfin, je vais me défouler !” Tu te rappelles que je m'étais inscrite en permaculture…

…num melongena).

Justement, c'était venu d'où ?

C'était… Dans mon téléphone était arrivée cette application Saine abondance… et Rustica. Je ne sais pas d'où ça venait… J'ai trouvé ça très intéressant. Et après j'ai cherché une formation… En rentrant de Thaïlande, je me suis dit “Une pandémie, pendant un ou deux ans, je ne pourrai pas bouger… Vu la situation de l'Asie, je ne sais pas quand je pourrai retravailler…”

Tu t'es dit ça ? Quelle prescience !

Ce n'est pas de la prescience… Si tu as vu à Bangkok tous les employés de l'aéroport en combinaison, et en arrivant à Roissy tu vois tout le monde sans masque, tu te dis “Il y a un décalage”… Le monde de la pandémie ça ne se cloisonne pas, c'est comme le nuage de Tchernobyl… Il ne s'est pas arrêté à la frontière…

Tu as eu cette info du confinement comment…? demande Jean-François.

J'ai dit à Jean-Yves “La France va être confinée”, il m'a dit : “Tu rigoles ?”

J'étais très sceptique…

Il a ajouté : “Tu crois que les Français sont confinables ?”

Je n'ai pas pensé qu'il y aurait une dimension internationale…

Il a dit : “Ça ne va pas passer l'Italie…” !

On devait partir en Ombrie avec mes élèves... Et tout d'un coup il n'y avait plus rien, plus de Lombardie, plus d'Ombrie, plus de Chine, il ne restait plus que Cachan sur terre... C'est là tu t'es mise à faire des semis invraisemblables... C'est le confinement qui a fait de nous des jardiniers.

Fuchsia fulgens.

J'ai compris que j'avais vraiment le temps de m'en occuper.

Tu vois, ça va avec le temps, dit Jean-François. La disponibilité pour un jardin, c'est à l'infini !

Tous les jours tu as à faire...

Calla d'Ethiopie. (Richardia Africana).

Oui, dis-je, et chaque jour le jardin est différent... Chaque jour. Si tu as une attention fine, ou même pas, une attention vague, tu te rends compte que chaque jour, quelque chose a changé. C'est pour moi le signe du merveilleux de la vie. Je l'ai dit et je te le redis, je l'ai ressenti charnellement, c'est que quand on cultive son jardin, au moment où on le cultive, le désespoir n'est pas de mise. Il y a eu des moments de peur quand même...

De sidération, de phobie...

Haricot commun (Phaseolus vulgaris).

J'étais dans le jardin toute la journée, j'étais bien, dit-elle. Malgré toutes les nouvelles du monde qui commençaient à devenir alarmantes, malgré la confusion des annonces gouvernementales, malgré le terrible qui était véhiculé par les médias, notamment à la télévision.

Qu'est-ce que tu ressens quand tu travailles la terre, quand tu sèmes...?

La paix. (Silence) C'est un plaisir de toucher la terre. Je ne pense qu'aux plantes, à la terre. Ça me vide la tête.

Être en paix, dit Jean-François.

C'est aussi une façon d'observer la nature. On voit des choses qu'on ne voit pas si on n'a pas le temps.

C'est une observation qui est assez minutieuse... Ce n'est pas le travelling d'une balade en forêt...

Oui, et ça conduit à une suite de logiques, dit Jean-François, une logique de la complémentarité de la vie alentour, des grandes bêtes comme des toutes petites. Ça va vous conduire à regarder si ça pollinise ou pas... Dans un jardin les sujets sont beaucoup plus beaux si les insectes sont venus chatouiller les fleurs... “Tiens, tiens si j'avais une ruche ?” Les abeilles sont aux premières loges pour aller visiter tout le monde... Et moi les premières années de jardinage j'avais des ruches et c'était évident... Les sujets étaient beaucoup plus beaux, plus nombreux, plus accomplis...

" Jardiner, c'est accompagner le temps " Gilles Clément

Pourquoi tu n'as pas gardé les ruches ?

Les ruches sont mortes. J'ai de nouveau deux ruches… et je les caresse… Plein d'écosystèmes auront une influence sur le potager, de près ou de loin… Si on a amendé avec des purins ou des fumiers d'animaux les plus propres possibles, ceux qui mangent de la bonne herbe, sur des foins bios, sur des pailles bios, ça fait de très bons engrais, ça change l'aspect du jardin, ses possibilités, parce que tout ne se plaira pas dans la même composition de sol…

De qui tu apprends, Lilou ?

De tout ! De livres, de vidéos, de parler avec des gens comme Jean-François… avec des gens qui font des jardins… Ce sont des échanges.

Donc il y a une pollinisation du savoir… On butine dans la corolle des autres, dans la bouche des autres… Toi tu apprends beaucoup aussi sur Internet ?

Oui, l'avantage maintenant c'est que dès que tu te poses une question, tu trouves des réponses sur Internet… Tu tries les informations, et tu fais tes propres expériences. Il y a aussi des gens qui disent n'importe quoi… Dans les blogs, sur facebook, et aussi ton téléphone qui te donne spontanément des réponses… Tu consultes certaines fréquences…

Camellia Japonica.

du s'installer
ni confisquées.
une tarte
aison.
d-parents ?
nti de puisar,
s jours aux
-mère s'oc-
les, pas de
gorie de gens

– Est-ce que ta grand-mère avait un potager ?
– Oui.
– Tu las des images de ça ?
– Oui, il avait à peu près cette surface-là ; comme tout le monde avait un petit potager, selon le nombre de personnes. C'était distribué au mètre carré. Ma grand-mère cultivait tout ce qui peut se

Et les algorithmes choisissent pour toi… J'en ai de plus en plus… j'en lis certaines mais je me rends compte que je donne plus de crédit à une parole vivante qu'un tutoriel, comme la petite leçon que Jean-Francois nous a donnée sur les melons hier…

Le jardin, c'est le lieu où on cause, dit Jean-François.

Il y a deux adjectifs qui sont accolés au mot jardin, c'est partagé… et secret. Deux choses presque antinomiques ; on a tous des jardins secrets, qui sont souvent des jardins intérieurs, des jardins imaginaires, et à l'opposé, on a le jardin partagé, le jardin des partages… Comme le nôtre à Pont-Scorff.

Menthe commune (Mentha viridis).

Bambou

Oranger à fruits doux. (Citrus aurantium).

Saules.

a [illegible] . [illegible] . agapan…
b basilic . belle de nuit . bamb…
c cassis . citron combava . cou… ciboule . centaurée
d dracocéphale .
e estragon .
f framboises . fèves . fraises
g groseilles .
h hortensias .
i iris .
j jasmin .
k . kiwis .
l . liseron . laurier . lierre .
m menthe, mélisse . mauve
n . nombril de Vénus . noisetier . monnaie du pape
o origan . orties
p pommiers . pêcher . prunier . palmier
q . quendale
r romarin . radis . rosiers . rhubarbe
s Scorff .
t tuya . tilleul
u usine (laverie) .
v vigne .
w weigela .
x ?
y
z

Le jardin de Pont-Scorff

mai

2021

LANGEAIS

Simon H.

des bulles
dans l'oasis

Rossignol.
Mésanges.
Merle.
Troglodyte.
Verdier.
Loriot.
Moineaux.
Coucou.
Grive.
Geai.
Traquet.
Corbeau.
Pouillot.
Simon

“L’imaginaire de nos enfants dépend de nos récits présents.”

Yannick Roudaut, *Quand l’improbable surgit.*

“Les lectures d’enfance et d’adolescence forgent l’imaginaire qui va nous accompagner toute notre vie.”

Pierre Rabhi, *La convergence des consciences.*

Il y a de surprenants synchronismes. On a un ami. Il s’appelle Simon Hureau. Il est auteur de BD ; il fait aussi de savoureux carnets de voyage ; on fait partie de la même bande, les Carnettistes Tribulants ; on va griffonner ensemble en banlieue... ou en Chine ; on se croise de loin en loin à Clermont-Ferrand, au festival du carnet de voyage... On se perd un peu de vue. Et l’on apprend, ébahis, car rien ne laissait supposer une telle convergence, qu’on a bossé dans le même sens – dans la vie et dans l’art. Voici, en deux mots, l’histoire : en 2020, je publie *Apologie de l’arrosoir*, qui narre notre conversion au jardin. La même année, une amie me signale la parution d’un livre, une bande dessinée, *l’Oasis*, consacrée au récit de l’avènement d’un jardin “biodivers”. Il s’avère que l’auteur de cette BD n’est autre que Simon Hureau ! Le gratteur de BD et l’écripeintre, deux artistes donc, sont passés à la marotte du jardinage ! Seule différence : mon bouquin se déroule sur un mois, quand celui d’Hureau couvre une période de dix ans. Respect. Je l’achète, je le goûte fort, j’en fais la critique. Car il appartient de plein droit au Récit écologique en train de s’écrire, il l’enrichit de son expérience, dans un bagout populaire qui est celui de la bande dessinée. Et c’est un succès (plus de 30 000 exemplaires à ce jour) !

Ici n'entrez pas, hypocrateux,
bigots de la technologie.
Vieux matagots de la collapsologie,
intellos boursouflés,
Tords-boyaux transhumanistes,
plus sots que les conspirationistes
ou les traders constipés, profiteurs
des magots,
Misérables manadgeurs de l'intox,
usinards empantouflés
Milliardaires emmitouflés, écornifleurs
de gentils cochons
Bafoueurs d'animaux, viandards enflés,
fagoteurs de poulets,
Allez vendre ailleurs vos abus.

Pourquoi ce pastiche en hommage au maître François Rabelais ? Parce que l'histoire contée par Simon Hureau est un brûlot anti-déprime, un hymne truculent à l'abondance frugale, une belle utopie réalisée – semblable à celle de l'Abbaye de Thélème dans Gargantua.

Bienvenue donc aux naïfs, aux fleur-bleue, à ceux qui ne tiennent pas l'espérance pour une maladie honteuse. Car ce livre nous rend l'espérance d'un monde où les Elon Musk mangeront les pissenlits par la racine au lieu de consacrer des milliards à envoyer des milliardaires suffoquer sur Mars. Ce livre nous rend l'espérance d'un monde meilleur. Je veux dire ici tout le bien que je pense de ce livre. Ça jase de quoi, *l'Oasis* ? L'histoire d'un jardin de France, à Langeais, pendant dix ans : la modeste épopée d'une biodiversité invitée et advenue. Foin de vous, chimistes, tristes sires du glyphosate et des pesticides, foin de vous, laquais des néocotinoïdes et du gazon anglais ! Avec son humour flegmatique et ravageur, mon compère et ami Hureau narre une incroyable renaissance : celle du vivant dans un petit terrain familial. Et cette bédé nous fait du bien.

En vérité, composer un jardin est un puissant antidote à la mélancolie, à l'écoanxiété comme on dit désormais ; et même si, comme il le dit, “je ne sauverai pas la planète”, il avoue que “sur notre modeste parcelle d'écorce terrestre, la vie va plutôt bien.” Il écrit foutrement bien, notre auteur jardinier, et cela depuis longtemps ; c'est un Voltaire de la bulle qui cultive l'ironie nonchalante et la truculence pince-sans rire. Celui qui se décrit comme un “indécrottable amateur” est un érudit en herbe en fait d'insectes, de fleurs, d'oiseaux et de bestioles plus ou moins ragoûtantes. Je me souviens avec émoi de ses carnets d'Afrique ou des lézards écrasés faisaient office de marque-pages… Dès qu'il est question d'insectes ou de reptiles, Hureau est en verve ; il ne s'interdit pas quelques bouffées de lyrisme (à propos du Sphinx du troène : “Quel design ! Quelle ligne ! Quel fuselage racé !”) Je me souviens aussi : en Chine, Simon enfermait des mues de cigale dans de petites boîtes de péloche photo… Il avait l'œil aux aguets du furtif, du discret, de l'humble rien du tout…

Qu'est-ce qu'il nous raconte exactement, Hureau, dans son *Oasis* ? L'achat d'une chouette bicoque, la découverte d'un jardin piteux, l'envie d'y inviter l'enfance et la vie. C'est une bande dessinée au crayon aquarellé, à la facture douce (on a connu un Hureau plus nerveux de l'encre), presque sans cases, où sont narrés les épisodes de cette résurrection ; ça commence par un “lilas avachi”, une bagarre homérique contre des végétaux qui ont “les propriétés du mur de parpaings” – une diatribe bien envoyée contre les thuyas – et ça continue avec des péripéties nombreuses : des plantes aquatiques de récup plongées dans une baignoire bucolique, la découverte archéologique d'un escalier menant à la rivière, la rencontre inopinée d'un ragondin parlant anglais, des balades – cueillettes et des amitiés partageuses de graines et d'arbustes. Peu à peu, au fur et à mesure que le jardin se reboise, refleurit, les rencontres avec le menu peuple du sol ou des corolles se multiplient : frelons, cétoines, chrysomèles, clairon des ruches, mésanges, roitelets, pic-épeiche, chardonnerets si décoratifs et moult créatures à plumes, poils, écailles ou coquilles. On y apprend l'achat du terrain voisin, l'inauguration sonore d'un poulailler, la livraison d'une

“montagne de fumier”, les joies antiques du maniement de la faux (“outil génial”), le surgissement effaré du chevreuil, les démêlés du chat et de la couleuvre, le fantasme réalisé du phasme, le lancer de martinet et j'en passe...

Il ose des phrases, Hureau, qui flirtent mine de rien avec le philosophique : “Pour ce qui est de créer la vie et la diversité, pas besoin d'être Dieu [...] il faut juste se salir un peu les mains.” Sa méthode oscille entre l'horticulture classique et le non-agir du Tao : “Pour moi le jardin doit rester cette quête permanente d'équilibre entre le faire et le laisser-faire, entre le dompté et le sauvage...” Il nous dit, entre les lignes, l'audace d'aimer le désordre, le fouillis, les animaux quels qu'ils soient, et son jardin est au final une leçon de beauté. Notre époque pue la mort chimique ; et l'on sent Hureau brider son courroux lorsque la friche voisine, déjà minable en biodiversité, est passée une fois l'an à la javel du girobroyeur, qui décime tout. La haine du vivant est bien ancrée en ceux qui n'ont pas de racines terriennes. Hureau n'aborde pas de front la dimension politique du jardin ; néanmoins, son jardin est une métaphore végétale du village d'Astérix, un espace de résistance, comme le dit Pierre Rabhi.

“Il faut juste un peu se salir les mains.”

En outre, Hureau et sa femme offrent à leurs enfants le plus beau des “jouets” : un monde régénéré, divers et généreux. Un terrain de jeux, de joie, de curiosité à nul autre pareil ; il déplace le terrain d'aventure traditionnel du lointain au tout proche. Il nous relocalise l'émerveillement. Heureux les mouflets du monde que leurs parents n'ont pas abandonnés aux écrans ! Hureau l'affirme : “Dans un jardin vivant, l'ennui est impossible.” Nous avons besoin, nous écologistes plus ou moins chevelus et désespérés, de récits de la sorte, afin de réconforter le présent et de réenchanter les lendemains. Le jardin de Hureau, au bout de dix ans, fait rêver. On ne peut qu'espérer : que ces oasis minuscules se multiplient, se relient et ravaudent le tissu déchiré du vivant. On ne peut plus qu'agir et espérer : que ces utopies réalisées fassent des petits... Amis des libellules et des ondines, lisez ce livre, et surtout, surtout, salissez-vous les mains et prenez-en, à pleines poignées, de la graine !

Simon Hureau
L'OASIS
Petite genèse d'un jardin biodivers
DARGAUD

Un printemps teinté d'orange pointe son museau en ce lundi de mars...

L'Ecaille du Séneçon

bourdon des pierres

aurore

TROIS SPLENDIDES ÉCAILLES
observées dans le jardin ces deux dernières années

L'Écaille chinée

L'Écaille du Séneçon

L'Écaille fermière

« Pour moi le jardin doit rester cette quête permanente d'équilibre entre le faire et le laisser-faire, entre le dompté et le sauvage... »

Et si la petite du séneçon paraît faire pâle figure, il faut voir sa chenille tigrée!

Ci-dessus : dessins inédits de Simon Hureau et deux citations extraites de *L'Oasis*, éd. Dargaud. Page ci-contre : papillons dessinés par l'auteur.

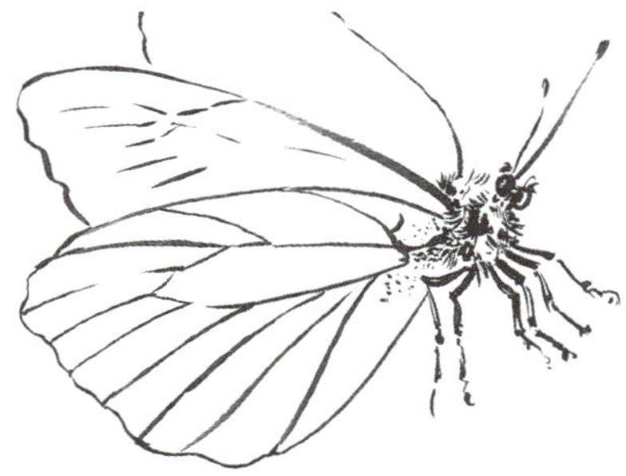

"En attendant d'avoir une idée géniale, je te propose d'expérimenter, de se faire plaisir, de voir ce qui fonctionne... Par exemple, le grand lila drageonne en tous sens, c'est une vraie forêt ! On peut en replanter, commencer à se constituer une haie naturelle..."

avril
mai
& juin
2022
CLÉGUER

Loïc

le graveur
aux agrumes

“Le printemps, en Bretagne, est plus doux qu’aux environs de Paris, et fleurit trois semaines plus tôt. Les cinq oiseaux qui l’annoncent, l’hirondelle, le loriot, le coucou, la caille et le rossignol, arrivent avec des brises qui hébergent dans les golfes de la péninsule armoricaine. La terre se couvre de marguerites, de pensées, de jonquilles, de narcisses, d’hyacinthes, de renoncules, d’anémones, comme les espaces abandonnés qui environnent Saint-Jean-de-Latrant et Sainte-Croix-de-Jérusalem, à Rome…”

Chateaubriand, *Mémoires d’outre-tombe*

Je ne crois pas à la prédestination, mais il y a des rencontres si troublantes qu'elles donnent envie d'y croire. La rencontre avec Loïc Tréhin est de celles-là. Voici l'histoire : nous naviguions en voiture dans le Morbihan à la recherche d'une maison, fin 2021. Une succession de hasards troublants nous a menés, Li et moi, à Pont-Scorff, une petite ville de 4 000 âmes, qui nous a plu d'emblée. Nous n'y connaissions personne. Un hasard non moins troublant a conduit mes pas vers la rivière. Là, des arcs romans en ruine m'ont ému, juste à côté du pont romain ; une propriété assez féerique semblait se déplier derrière un olivier. J'ai traversé le pont, emprunté un itinéraire au hasard. Sur la route principale, j'ai cru longer un atelier de peinture ; les reflets de la vitrine laissaient juste entrevoir des dessinateurs en blouses blanches. Au fond, je crus entrevoir un signe amical d'un inconnu, vêtu d'une blouse noire, dont la chevelure nuageuse flottait dans la pénombre de l'atelier. Cela ne dura qu'un instant, car je marchais. Quand je repassais devant la maison aux arcs, je vis un panneau : À VENDRE. Une heure plus tard, nous visitions. Ce n'était pas une visite. C'était un coup de foudre. Il était partagé. Neuf mois plus tard, cette maison féerique était la nôtre. Dans la foulée, nous avons acheté une sculpture à Titi, le “sculpteur d'eau douce”. Mais je vais trop vite. Lors de la seconde visite, le propriétaire nous dit : “Vous connaissez Loïc Tréhin ?” - “Non.” Il prit son téléphone et, quelques minutes plus tard, nous prenions une bière chez ce fameux Loïc, qui n'était autre que l'homme à la chevelure nuageuse que j'avais entraperçu parmi les reflets de la vitrine de son atelier. Son antre de graveur, comme je le découvris ce jour-là.

Loïc est illustrateur, graveur, peintre, professeur de gravure, parmi cent activités que le lecteur va découvrir. À peine nous connaissions-nous qu'une connivence sembla se dessiner entre nous trois : avec moi, autour du goût de la gravure (que j'avais pratiquée il y a fort longtemps), des rivières et de je ne sais quel irrésistible penchant pour la beauté de la nature ; avec Li, autour du monde des plantes et des bambous, car Loïc, non content d'être artiste, cultive ses jardins, pratique greffes, boutures et marcotages, s'enorgueillit d'avoir 80 camélias dans son bois de Keryakel et aime les bambous à la folie. Aussitôt, il nous accueillit, nous présenta, nous intégra, avec une générosité unique. Il connaissait tout le monde et nous présentait tout un chacun. Je n'avais pas encore posé mes valises qu'il me proposait d'exposer mes carnets de voyage à la Malterie, l'ancienne brasserie de bière dont son association venait d'obtenir, après cinq ans d'attente, la gestion, et qu'il voulait transformer en lieu culturel, cours, stages, expositions, etc. La Malterie fut inaugurée avec les travaux de ses élèves au moins de juillet ; à quoi succéda une exposition de gravures ; et, en septembre, j'y montrai mes 40 carnets de Chine : le voyage s'invitait dans le lieu même de notre nouvel ancrage. Les Bretons apprécièrent. En la personne de Loïc, la Bretagne nous fit un accueil inespéré. Depuis notre rencontre – il y a moins d'un an – nous avons organisé deux expositions, pêché l'éperlan à Guidel, arrosé le Nouvel An, défriché son bois de Keryakel, fendu des bûches, préparé des fagots, taillé les pommiers, installé une ruche pour un essaim d'abeilles sauvages (qu'elles n'ont pas occupé), siroté moult apéros, cuisiné des légumes sauvages, cueilli des fleurs d'acacia en sauvageons, partagé une soirée poésie, transplanté des hortensias, dégusté des pousses de bambous succulemment préparées par Li, admiré les camélias de son parc, nous avons acheté son canoë et nous envisageons d'acquérir ensemble une broyeuse, nous sommes allés voir son pays d'enfance, nous avons échangé des SMS et des semis, et nous prévoyons d'aller dessiner sur la rivière... Bref, je suis heureux de conclure ce livre par le portrait de cet homme si merveilleusement ouvert et varié.

Conversation

Ton père a été “galvaudeux” (garçon de ferme) dans la Beauce, et toi tu m’as dit avoir passé les premières années de ta vie à la campagne, à la Chapelle-Neuve. Tu peux me raconter ça et me dire en quoi l’enfance façonne une existence ?

Je suis né au cœur du Morbihan, au milieu des forêts et des landes… On vivait en bordure de la forêt, sur une butte, et autour de la butte coulait une rivière, le Tarun. Ce sont mes premiers souvenirs, toutes mes activités étaient basées là-dessus, la cueillette, le jardinage, la chasse et la pêche. Je cueillais des petites carottes sauvages en revenant de l’école, des mures, et, à une certaine période, les fleurs d’acacia. Ma mère me faisait des beignets d’acacia. C’était une fête, un festival ! Je pêchais avec mon père, on mettait des lignes de fond, fixées au bord avec une fourche en bois, une limace ou un verre accroché à l’hameçon et on pêchait, ou plutôt on braconnait, des truites et des anguilles… Mon père aimait particulièrement pêcher les truites à la main ; il glissait sa main sous les cailloux, il sentait la truite, il la caressait, et il la jetait sur la berge ! Moi j’avais peur de trouver une couleuvre ou une vipère.

J’ai eu cette peur…

Ce qui était marrant, c’est le truc qu’ils avaient trouvé pour que je mange des petits pois ; ils allaient chercher des épines de pain dans le bois. Alors je piquais les petits pois un à un avec les épines… Comme ça je les mangeais. Autour de moi, c’était à la chasse, voir la braconne. Moi j’avais toujours mon lance-pierre dans la poche. Et à la fin j’avais atteint une telle perfection que je ne tirai plus les oiseaux mais les épingles à linge ! Je les tirai dans le bas pour les faire tourner… Je ne voulais plus tuer les oiseaux. Dans ma vie, c’est au lance-pierre que j’ai été le meilleur. Je me souviens, un jour, le patron du Super U m’appelle, il savait que j’étais bon au lance-pierre. “J’ai un pinson qui est coincé, on ne veut pas le tuer… Est-ce que tu peux faire quelque chose ?” ; “J’arrive.” Le pinson venait de se poser au rayon crémerie, là-haut. J’avais pris des glands et pas de cailloux pour éviter de le tuer. Je l’ai tiré. Il est tombé d’un coup derrière la crémerie. J’étais triste. Je l’ai ramassé, je l’ai caressé, et cinq minutes plus tard, il s’envolait ! Ah, j’étais content… Jusqu’à cinq ans je n’ai fait que de la campagne.

Vous aviez des animaux ?

On avait tout le temps des poules et des canards. Parfois on avait des dindons et des pintades. Ma mère leur donnait des prénoms. Elle avait un grand dindon qu’elle appelait Philippe. Un jour j’arrive à la ferme, je vois une grande casserole, elle l’ouvre, je vois une volaille. Je lui dis : “Qu’est-ce que c’est ?” “C’est Philippe.” Ah, ça te cassait ! Mais il y avait aussi les cochons. Ce qui m’a marqué avec les cochons, il en avait cinq ou six, je dirais, c’est quand il y avait les petits. Elle leur mettait de la paille fraîche, car contrairement à ce qu’on croit, les cochons aiment la propreté, et elle me mettait avec eux, les petits venaient me voir...

La truie ne te chassait pas ?

Non, pas du tout. Je me souviens de leur petit groin humide avec leurs cils blancs, ils venaient me farfouiller... J'aime l'odeur des petits cochons et de la paille fraîche ! Elle leur préparait de la “pâlée” avec du son et des restes de cuisine... Ça sentait la bonne bouffe. Et quand il y avait des petits veaux qui naissaient, j'étais amoureux d'eux, avec leur langue râpeuse... À chaque fois qu'ils partaient chez le boucher, je chialais... C'était des petits veaux issus de la race pie noire, assez petite, avec un cœur sur le front, qui a été réhabilitée en Bretagne... Mais le pire du pire, la grande histoire, c'est quand mon père... Il avait récupéré une jument blanche, Lisette ; ce n'était pas une jument de trait, mais elle travaillait à la ferme... Mon frère Roger l'aimait bien. Un jour, je rentre du jardin, et je vois le camion du marchand de vaches... Qu'est-ce que je vois dedans ? Je vois Lisette. Ça m'a déchiré le cœur. Mon père avait vendu Lisette, pour la viande probablement. Un coup de massue.

“Je suis passé des forêts sombres au monde des dunes...”

Toi et moi, on a quand même eu cette chance incommensurable de vivre avec des animaux, de les aimer, de les pleurer...

Oui. Mais j'ai aussi le souvenir de maladies, d'animaux qui crèvent, du passage de l'équarrisseur... Je me souviens des dettes, de mes parents qui en parlaient... Moi, enfant, j'essayais de voir le côté positif des choses. Mais c'était dur à la ferme. On n'avait pas de bagnole, on n'avait pas l'eau courante. On descendait chercher l'eau à la fontaine avec mes frangines et ma mère à 500 mètres dans la vallée. Tout le monde portait des sceaux et moi, avec mes petits bras, je portais ce que je pouvais. On en profitait pour cueillir les pissenlits et on remontait avec une salade sauvage... Je suis le petit dernier, c'est surtout pour les frangines que c'était dur. Nous étions cinq, trois garçons et deux filles. A l'âge de trois ans, j'ai perdu mon frère. Ce sont mes premiers souvenirs. Mes premiers souvenirs, c'est le malheur. Il a été tué en moto par un chauffard bourré, qui est allé au bal juste après. Les gens lui ont dit : “C'est quoi ce sang sur ta voiture ?” Il a répondu : “J'ai dû buter un chien.” Huit blessures mortelles, mon frère a dû mourir sur le coup. Et ce délit de fuite... J'étais tout le temps avec lui, il était doux, il était sensible, il s'occupait de nous. Après sa mort, chaque fois que j'entendais un bruit de moteur, je croyais que c'était Roger qui rentrait. Pour mes parents ça a été un coup de poignard. Je le réclamais tout le temps. Ma mère n'était pas proche des gens du village ; alors c'est le soir qu'on allait au cimetière, quasiment tous les jours. Et j'étais souvent sur ses genoux, elle me chouchoutait, elle me montrait tout le temps la photo de Roger… Quelque part, je le remplaçais… Il y avait seize ans de différence d'âge entre nous, il était beau comme un dieu. Ce jour-là, il revenait du travail, il était réparateur de cycles à Plumelin, à 5 ou 6 bornes de chez nous. Les images que j'ai de lui, je ne sais pas si ce sont des souvenirs ou des rêves que j'ai faits. Je le vois beaucoup avec Lisette, la jument… J'ai seulement deux photos de lui… Et six mois après, mon frère aîné Guy partait en Algérie… Tu vois. On est restés 27 mois sans nouvelles… Là encore, derrière le bois, quand on voyait un avion passer, ma mère disait : “C'est ton frère Guy qui est dans l'avion.” Et pour moi, derrière les Landes de Lanvaux, juste derrière, c'était l'Algérie… On s'est retrouvés avec mes deux sœurs et mon aîné… Avec lui ce n'était pas si facile, ça devait le faire chier d'avoir un petit frère… et il avait perdu son frère le plus proche…

Tu m'as parlé d'un changement de vie, pour toi le gamin de la campagne ?

Oui, ce qui m'est arrivé de mieux après tout ça, c'est que mes parents ont eu la bonne idée de faire la saison sur la côte… Ils avaient chacun un putain de métier ; mon père était chef cuisinier et ma mère adorait le commerce. Mon père faisait déjà les saisons à l'hôtel Atlantique à Carnac ; j'ai été conçu là dans les rochers, il me l'a raconté. Enfin ma mère adorait le contact avec la jeunesse, elle manquait de jeunesse, de contact avec les artistes… À Paris, ils avaient rencontré des artistes, du temps où ils vivaient à l'angle de la rue Mazarine et le rue Guénégaud, avant-guerre. Plus tard, ma mère m'a dit : “C'est là que j'ai passé les plus belles années de ma vie… les gens étaient solidaires.” Solidaires, c'est le mot qu'elle employait. Ils ont acheté le vieux thonier qui était sur la grève, à demi ensablé, entre Carnac et la Trinité, au Men Du. Ça pour moi ça a été un bonheur ! Avant je connaissais des plantes, la nature, les animaux. Là, je découvrais la mer. Je suis passé des forêts sombres au monde des dunes… C'est là que j'ai connu le sable le plus fin, blanc et lumineux. On était dans un monde totalement différent. Je me souviens de l'odeur de la dune ; c'était couvert de plantes, l'oyat, le liseron des dunes, le chardon, les œillets qui font des tapis roses ; il y avait aussi du raisin de mer, et l'immortelle, le curry breton…

Vous passiez combien de temps sur la côte ?

On arrivait le 15 juin, je quittais l'école avant les autres, ça m'évitait la “promenade scolaire” que ma mère redoutait. Et ça durait jusqu'au 15 septembre… Je passais toutes mes journées les pieds dans l'eau… Je pêchais à

la fouëne “à la tâtonnade”… Tu piquais dans le sol au hasard, tu prenais des soles, des carrelets, des plies, des petits turbots… Ma mère me disait : “Encore des soles !” Entre nous, je suis un prédateur. Je vais me faire mal voir en disant ça. À la campagne, je tirais les merles, les grives, les moineaux… Je les plumais et je les grillais… Dans le hangar, il y avait tout le temps de la braise… Je me rappelle, avec les copains on ouvrait une patate en deux, on faisait un creux dans la chair, on mettait du beurre de sel et on mettait le moineau dans le creux, on enroulait la patate dans du papier mouillé – c’était l’Huma ! Si mon père avait su ça… – et on mettait ça sur la braise… J’ai aussi mangé du civet d’écureuil ! Il n’y a rien de meilleur ! Ah, tu sais aussi ce que j’ai fait avec une vipère blessée après l’avoir achevée ? Je l’ai dépecée et j’ai fait sécher la peau entre deux plaques de verre… C’est très graphique. C’est beau. Mais j’en ai gardé le dégoût de l’odeur de la peau de serpent… Au Men Du, on mangeait aussi de la salicorne, on appelait ça des haricots de mer, et des bettes maritimes, le casse-pierre que tu trouves dans les rochers, le ciste marin…

Parle-moi du thonier.

Le thonier, c’était un bar-crêperie, et on avait le droit d’ouverture jusqu’à 4 heures du matin. Vers neuf heures, ma mère faisait sa pâte à crêpes... Il y avait quelques passants qui venaient prendre un café… Il y avait le repas de crêpes de midi, et après ils allaient à la plage. Des touristes principalement. Il y avait aussi repas de crêpes de 19 à 22 heures. Ma mère faisait aussi des soupes de poisson d’enfer ! La clientèle du soir n’arrivait que vers 23 heures. La salle principale était dans la coque ; il y avait aussi une salle abritée sur le pont. Nous on dormait dans la cabine à l’avant avec ma mère et mes cousines. J’ai commencé à servir à partir de 12-13 ans. J’ai fait 15 saisons de mes 5 ans à mes 20 ans.

Comment tu as vécu ça ?

C’est une ouverture sur le monde. De voir des gens d’ailleurs, de toutes les couleurs, de toutes les classes, de tous les styles… Il y avait une

clientèle étudiante, les familles, les couples, les étrangers. Je me souviens des petits Noirs de la colonie de vacances de Bagneux ; je les voyais du bateau, ils passaient en chantant à tue-tête. Le soir, je les entendais dans la forêt de pins noirs, ça me donnait envie d'y aller. Pour moi c'était l'Afrique…

C'étaient de belles années, sur le thonier ?

J'ai des souvenirs extraordinaires… Le seul moment où on pouvait se reposer, c'était après la vaisselle de midi, entre 15 et 16 heures… Et ce qui arrivait quelquefois, c'est que tout d'un coup, gros nuages, grosse pluie, et tout le monde rappliquait de la plage trempé. C'était l'enfer. Ma mère n'avait que deux biligs pour faire les crêpes. Elle se couchait vers cinq heures du matin. Après le départ des derniers clients, elle restait à faire la vaisselle, le nettoyage des tables, et à gratter la cire de bougie qui avait coulé sur les tables. C'était éclairé à la bougie et à la lampe à pétrole… Bref, elle dormait quatre heures par nuit pendant quatre mois.

Et la musique de danse, c'était comment?

C'était au son du tourne-disque à piles Philips !
Ma mère achetait les disques à Pluvigner, chez Étienne, un ami de la famille qui faisait de l'électroménager. J'ai gardé les 45 tours, rayés par le sable. Certains clients appelaient ma mère la "Mère tas de sable"… Il est vrai qu'elle avait toujours un peu de ce sable si fin du Men Du dans les cheveux.

Comment vous alliez à la Trinité, puisque vous n'aviez pas de voiture ?

Aller à la Trinité, déjà, j'avais la banane. J'entendais le moteur de la Peugeot… d'abord une 403 bâchée de couvreur, parce que celui que mon père appelait "Mon frangin", son pote de résistance, Antoine, venait nous chercher avec, plus tard une 404… Ils faisaient l'aménagement du thonier tous les deux. Et Papa, qui restait à la maison ensuite, venait une fois par semaine nous apporter les œufs de la ferme, la farine de la Chapelle Neuve et puis le cidre… Un cidre sec, ah, il aimait ça !.. Ça te faisait un trou dans l'estomac… Ils étaient bien gais tous les deux quand ils arrivaient, car ils s'étaient arrêtés dans chaque "Chapelle"… Ils tenaient encore debout, mais c'était certainement trois fois la dose autorisée…

Astérie vulgaire (Asterias rubens).

D'autres souvenirs ?

Il y avait un truc assez rigolo : souvent sur le coup d'une heure du matin, certains clients avaient un petit coup de mou ; ma mère qui sentait les choses, elle m'appelait : "Loïc, vas donc apporter au jeune là-bas au fond…" Une bonne soupe de poisson agrémentée de ma pêche du jour ! On avait aussi les soupes de la Belle Illoise… Elle avait toujours de la tambouille. Quand je traversais la salle avec la soupe de poissons, il y avait une

– Tu as fait de nombreuses illustrations … panneaux du Bassin du Syndicat du … depuis ici jusqu'à la source. Tu as … fétiche sur le Scorff !
– Ce sont les rivières en général. Ou… une rivière ça me rassure. L'eau e… c'est la vie..
– Encore une empreinte d'enfance !
[illegible]

putain d'odeur… Là les clients disaient "Oh y'a une bonne soupe…" et elle servait une tournée de soupe… bien salée ! Elle savait y faire… Et après ça repartait évidemment avec du Muscadet… facile à ouvrir le Muscadet, toujours prêt.

Les poissons, c'était ta pêche ?

Oui, et on allait à la criée de la Trinité chez les Bourbons, c'étaient mes copains, Madame Bourbon était la sœur du chanteur Alain Barrière. Il était souvent là… Je suis même allé en vacances chez lui à Mantes-la-Jolie à 16 ans, parce que ses neveux étaient potes et clients chez nous. Ils nous filaient un coup de main quand il y avait un coup de bourre et je les aidais parfois à la Criée…

Toi qui chantes tout le temps, tu ne te voyais pas faire une carrière de chanteur ?

J'aurais bien aimé… Quelqu'un a beaucoup compté dans ces années-là, Dominique Leconte. Il avait 17 ans, je devais en avoir 10. Il campait avec des potes à côté du thonier. Ils avaient les cheveux longs. Il est devenu client. Sa mère était partie faire une carrière de chanteuse en Amérique. Ma mère l'a adopté. Il était doux et sensible. Il est devenu mon ami, mon grand-frère en quelque sorte. Il habitait à Chartres à l'époque. De temps en temps, à la Chapelle-Neuve, je recevais un petit colis. Il m'envoyait des super voitures de collection. Recevoir un cadeau, pour moi, c'était incroyable. Il était doué en tout. À 17 ans, il a publié un recueil de poésie. Il m'a dédicacé un poème… Il était prof de sociologie, mais il a fait du théâtre, du jazz, de la danse. Quand je me suis installé au Bas-Pont-Scorff, il a quitté Paris pour venir créer les éditions du Scorff, à la maison… Il est resté deux ans chez nous.

dessiner, on a un rôle à jouer. Je dois dire une chose importante. Quand j'ai passé le diplôme des Beaux-Arts, j'ai dit "je vais faire ci, je vais faire ça…" C'était la dernière année où on choisissait une technique. Après on a commencé à vraiment fermer la porte aux gens comme moi qui allaient sur nature…
– Tu es resté fidèle à toi-même, à "Toni"…
– Oui.
– J'ai l'impression que tu as autant le goût de faire des choses dans la nature que de dessiner la nature.
– Oui, c'est vrai. Et j'ai des projets… Il me faudrait un ou deux ans…
– Tu mijotes un projet ?
– Oui, de la gravure, lino et métal.
– Pour un livre ?
– Non ; si ça devient un livre, pourquoi pas ?

ARTISTE ? ARTISTE !

Comment on devient illustrateur en Morbihan quand on a une mère qui fut ouvrière, domestique, puis serveuse au Vel' d'Hiv' puis crêpière sur un thonier et un père ouvrier chez Renault, puis chef cuisinier, puis maquisard… puis paysan ?

Mes parents, ce sont des gens qui avaient une sensibilité artistique. J'ai su ça dans ses dernières années de vie… Ma mère m'a dit : "Quand c'était jour de congé à Paris, j'allais voir des expos, j'allais au musée…" Elle adorait le patinage artistique et les artistes en général, les chanteurs de cabaret… Naturellement, elle aimait ça. Mon père, comme beaucoup de petits Bretons, quand il allait garder les vaches, il sculptait aussi des choses avec son couteau. J'ai gardé une canne en bois sculpté, avec des treilles et un serpent enroulé. Une canne vernie, en bon état. Il y avait un terreau sensible, tu vois. Et, quand ils habitaient rue Guénégaud, c'était en face des Beaux-Arts. Il y avait cette atmosphère de bohème, fantasque, les conneries des étudiants… Ils étaient très ouverts à cette atmosphère.

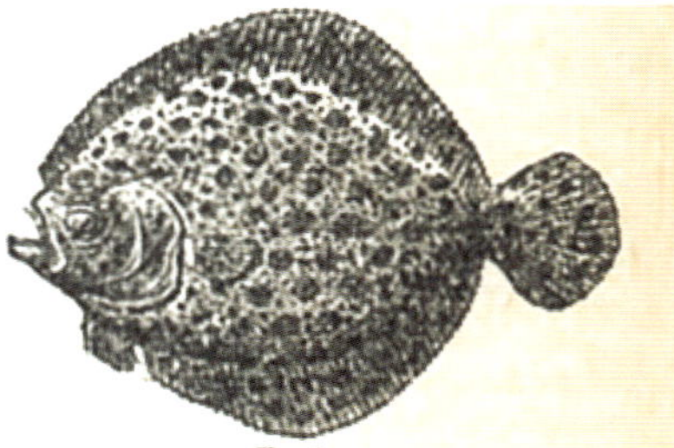
Turbot.

Tu as fait une rencontre qui a compté dans ta vocation ?

Oui. Ce qui est important pour moi, c'est que le thonier avait été ancré là, aménagé et peint par Robert Cassin… Un peintre restaurateur qui travaillait sur toute la France. Il a tenu deux ans dans le thonier. Il y avait des peintures magnifiques là-dedans. Quand je l'ai vu peindre, j'étais tout petit, j'étais émerveillé. J'ai compris que c'était un métier. Il faisait des trompe-l'œil parfaits, bien en épaisseur… Je me suis dit : “C'est ça que je veux faire…” Il maniait la couleur, ça sentait bon. Je savais que je serais artiste avant même l'âge de 9 ans. Je me souviens, les caisses d'oranges étaient fermées par des petits panneaux d'Isorel. Je les démontais, et ça me faisait de petites toiles, comme les châssis de Robert Cassin. Dès l'âge de 9 ans, je vais dessiner sur le motif… pour moi, c'est une évidence. Mes parents ne m'ont pas découragé. Le hasard a voulu que toute une boîte de peinture à huile reste à la Chapelle-Neuve. Je ne sais pas qui l'avait laissée. Mais quelqu'un a dit que ce n'était pas bon pour ma santé les essences. On m'a enlevé les huiles et j'ai eu de la gouache. Ah, il n'y avait pas l'odeur ! J'allais déjà vers mes vieilles pierres… Il y avait les ruines d'un château par exemple. Je n'avais pas pris de cours, j'apprenais tout seul, j'observais. La maîtresse d'école montrait mes dessins. Des années plus tard, elle m'a dit : “J'ai gardé tous tes dessins.” J'observais, je regardais, la perspective, les plans, les détails, tout cela j'apprenais à comprendre. Vers l'âge de 10-11 ans, j'ai eu de la chance. Ma sœur a épousé un jeune patron de pêche ételois, Michel, qui était sensible. Il avait un goût pour la peinture. Il m'a dit : “Je vais t'acheter des toiles et de la peinture.” Il avait de l'argent, les marins-pêcheurs étaient beaucoup plus friqués que les paysans alors… “Choisis, prends tout ce que tu veux.” L'abondance tout d'un coup. C'est chez lui par exemple que j'ai pris mon premier bain. À la maison on se lavait dans une bassine… une fois par semaine.

Saumon commun (Salmo salar).

Anguille commune (Anguilla vulgaris).

Tu partais peindre toujours seul ?

Oui… j'ai aussi commencé à faire pas mal de caricatures, je croquais les clients, sur le thonier, ça faisait marrer tout le monde. Les carnets de commandes étaient remplis de croquis… J'ai commencé à

faire les cours du soir à 16 ans, avec Henri Joubioux, qui était assez connu, à l'école des Beaux-Arts de Lorient. J'ai réalisé que ça marchait… Il y avait des tas de gens, 35 personnes à son cours. Par moment il me disait : “Tu veux bien qu'on regarde ?” Alors, il faisait venir les gens autour de moi. “Vas-y, dessine !” Moi qui étais timide. Il m'a beaucoup encouragé. J'ai quitté le bahut après la seconde ; je n'étais pas très heureux au lycée. Un jour j'ai piqué une très grosse colère avec une prof qui avait été injuste avec des copains. J'ai explosé. J'ai été convoqué chez le sous-directeur, un coco qui connaissait bien mon père : “Mais monsieur Tréhin… je suis obligé de vous punir, mais je comprends…” On a été puni le mercredi au lieu du dimanche. J'avais réussi. Aussitôt j'ai appelé ma mère : “Je ne veux plus foutre les pieds à l'école…” Elle me comprenait. “Mais qu'est-ce que ton père va dire ?” Elle savait que je ne voulais plus. Je ne voulais pas perdre deux ans encore. Je voulais dessiner. “Va voir ton père, dis lui…” Il était en bas de la colline avec sa faucille et sa fourche, il coupait des genêts et de la lande… Je m'approche. Il est surpris. “Ah, mon fils !” - “Papa, il faut que je te dise. Je ne veux plus aller au lycée.” Il a blanchi un petit peu… “Qu'est-ce que tu vas faire ?” - “Je veux faire les Beaux-Arts…” Il a réfléchi. “Mais artiste, c'est un métier de crève la faim !” - “Et toi, Papa, ce que tu fais là, avec ta faucille, c'est pas un métier de crève la faim ?” Il m'a regardé.
- “Ben si, dans le fond, t'as raison…”

Quelle scène !

Il a posé ses outils, on est monté à la ferme et on a bu un coup de cidre et mangé un morceau de lard. Je suis rentré en bus à Lorient… deux heures de route. Je me suis inscrit aux Beaux-Arts. Là, les deux premières années, on faisait toutes les techniques : peinture, sculpture, perspectives, géométrie… Je te faisais des escaliers en colimaçon… le prof était épaté. En première année, un peintre aussi m'a appris plein de trucs techniques, Robert Pernès… Après cette année tu te spécialises, tu choisis un atelier, peinture, gravure ou sculpture. Moi j'aimais tout. En sculpture, je faisais des bustes… C'était rassemblant, mais c'était le début de l'art contemporain… les profs étaient influencés par la mode, les tendances… Le prof de sculpture, comme je faisais ressemblant, hyperréaliste il venait me voir, le con, et me disait “Alors, Tréhin, tu racontes ?…” C'était pas la mode. Mais en peinture, Gérard Gautron, c'était un type formidable… Moi, j'avais envie de dessiner figuratif… Je ne sais pas s'il aurait pu m'aider. Par contre, il faut rendre à César ce qui est à César, il a vu juste. Il avait un atelier au-dessus des nôtres, et un soir il descend me voir ; il avait une idée. “Mais dis-donc, toi, ton métier, il est tout tracé. Tu vas être illustrateur !” Il est venu me dire ça. J'ai trouvé ça vachement bien. J'ai choisi la gravure avec Yves Oternaud, le plus jeune prof de gravure de France… et qui lui appréciait le fait que je dessine

les forêts, les arbres, la nature… Ce n'était pas du tout à la mode. Il savait faire la part des choses. Après, quand je suis sorti de l'école, je suis devenu très copain avec Claude Huart, le fondateur et directeur de l'école des Beaux-Arts, il était mon prof d'histoire de l'art. J'ai été dessiner parfois avec lui sur nature… Il me disait : "Tu t'en fous de ce qu'on dit…" C'est par lui que j'ai fréquenté le trio Huart, Xavier Grall et Glenmor… On a passé pas mal de bons moments ensemble. J'étais dans la vingtaine. C'était l'explosion. Une autre rencontre a compté. Mon prof de photo aux Beaux-Arts s'appelait Benito Moreno, un Sévillan. Il m'a super boosté. J'étais un des rares à avoir un dessin réaliste. On est devenu potes. J'ai fait des photos pour des pochettes de disques de Benito qui était aussi chanteur. Je faisais pas mal de photos aussi. Il appréciait vraiment mon boulot.

Tu sors des Beaux-Arts à quel âge ?

À 23 ans. J'ai eu un premier poste de prof de dessin à Hennebont. Pas facile. J'avais pas mal de loubards… j'étais jeune prof. Ils étaient costauds. Je pétais les plombs. J'étais très mal dans ce bahut… J'ai quand même envoyé quatre jeunes de mes classes prendre des cours aux Beaux-Arts… Avant de passer mon diplôme, j'avais fait une couverture de disque pour Glenmor. J'avais commencé à illustrer. Un producteur de disques a vu ma pochette "C'est qui ce tocard qui a fait ça ? Vous pouvez me l'amener ?" Du coup, j'ai fait des dizaines de pochettes de disque pour Arfolk à Lorient… Entre 150 et 200 pochettes. C'était la période de renouveau de

Homard.

premier livre que j'ai fait, c'est une méthode de guitare pour Pierre Bensusan, un volume relié – avec une partie technique et une partie poésie, textes, recettes… J'avais des dessins au trait, des gravures, des photos… De fil en aiguille, plusieurs copains poètes ont fait appel à moi pour éditer… Parfois du lavis, parfois du trait.

– Et les publications sur la nature ?

– Un de mes premiers livres sur la nature, c'était avec Viviane Carlier, un livre sur les plantes médicinales qui a été retiré plusieurs fois… En même temps, je travaillais sur les livres de contes, à savoir sur l'imaginaire, avec différents auteurs… J'aime autant l'un que l'autre.

– Quand tu fais des œuvres sur la nature, tu travailles sur le motif ?

– Oui, des bouts de paysages… Ce que j'ai fait dans ces périodes c'étaient de vraies sorties nature… Sinon j'allais vers la facilité, j'honorais les commandes. Je vivais de ça principalement. C'est plus facile d'honorer une commande que d'aller se battre avec un paysage…

– C'est drôle, ce mot, "se battre…"

la musique celtique, je suis tombé au bon moment. Je faisais faire la photocompo chez un pro. Je découpais. je composais, les lettrages, je faisais tout. On écoutait les disques, les chansons, et le patron m'avait à la bonne… Je n'étais pas payé très cher, mais c'était bien. J'étais salarié à mi-temps, et je faisais un autre mi-temps dans une boîte de pub ; en même temps, je faisais des expos : forêts… forêts… forêts !

On ne se refait pas complètement…

Après, quand il a vendu la boîte, il m'a dit : “Pourquoi tu ne la reprends pas ?” Je ne me voyais pas acheter ça, et puis je me suis lancé en 1983 comme illustrateur. Je me suis inscrit à la Maison des Artistes. J'ai pensé sérieusement à faire de la carte postale, des aquarelles, des paysages de France. J'ai commencé par la Bretagne… J'ai démarché les éditeurs, ça n'intéressait personne. Il n'y avait que la photo qui comptait. Ils n'y croyaient pas. Alors j'ai créé ma boîte, les éditions du Levant avec secrétaire comptable et représentants… Et tout à coup je vendais des cartes postales 12 x 17 (un format plus grand que la normale 10,5 x 15) par milliers. Sur la fin, en Provence-Côte-d'Azur, je vendais 200 000 cartes par été. L'hiver, je proposais des cartes de vœux aux entreprises. Je faisais beaucoup d'illustrations en même temps, des affiches pour les groupes, des musiciens, des étiquettes de pâté, de poisson, des trucs…

Tu t'es fait un nom dans ces années-là.

Oui.

Si on te regarde vivre et créer, l'art et la nature semblent indissociables dans ta vie… À quel moment tu commences à publier ?

Je connaissais pas mal de musiciens, de poètes et de conteurs. Le premier livre que j'ai fait, c'est une méthode de guitare pour Pierre Bensusan, un volume relié, avec une partie technique et une partie poésie, des textes, des recettes… J'avais des dessins au trait, des gravures, des photos… de fil en aiguille, plusieurs copains poètes ont fait appel à moi pour éditer… parfois des lavis, parfois du trait.

Et tes publications sur la nature ?

Un de mes premiers livres sur la nature, c'était avec Viviane Carlier, un livre sur les plantes médicinales sauvages qui été retiré plusieurs fois… En même temps, je travaillais sur des livres de contes, à savoir sur l'imaginaire, avec différents auteurs… J'aime autant l'un que l'autre.

Quand tu fais des oeuvres sur la nature, tu travailles sur le motif ?

Oui, des paysages… des détails de paysage. Ce que j'ai fait dans une période, c'était de vraies sorties nature. Sinon j'allais vers la facilité, j'honorais des commandes. Je vivais de ça principalement. C'est plus facile d'honorer une commande que d'aller se battre avec un paysage…

« Tout est beau dans le bambou. »

Je veux en venir à tes passions pour les pommes, des agrumes, les bambous… dont tu fais des livres.

Les passions étaient là avant les livres. J'ai un super souvenir, c'est quand mon père m'apprenait la greffe. Il prenait sa boîte, sa scie, son couteau, son mastic à greffer qu'il chauffait… Ça sentait très bon. Et les greffons qui sortaient du frais de la cave. On allait greffer sur la ferme. Il avait toujours des porte-greffes, qu'il allait chercher dans la nature, souvent au bord des routes. Les gens balancent des trognons comme ça les pépins germent et tu as un porte-greffe des années plus tard… Pareil pour les cerisiers souvent semés par les oiseaux. Tu te retrouves avec un merisier. Il les greffait souvent racines nues.

C'était dans l'enfance encore...

Ah oui, je me souviens des bonnes odeurs… je regardais, je regardais. Il ne m'a pas fait faire les gestes. Avec lui, il fallait que ce soit parfait. Il était sérieux. C'est plus tard, quand j'ai voulu lui rendre hommage avec les pommes bretonnes, j'ai cherché quelqu'un de compétent. J'ai trouvé Jean-Pierre Roullaud, le grand spécialiste de la pomme locale, avec qui on a réalisé le livre *Tomber dans les pommes*. La pomme, c'est du coin. Il a créé plusieurs vergers conservatoires, il a sauvé un grand nombre de variétés. Parfois il trouvait le dernier arbre d'une espèce. Quand je l'ai rencontré, on a sympathisé, il m'a remis le pied à l'étrier pour la greffe. Il m'a redonné confiance. C'est pourquoi je greffe tout ce que je peux. Lannick Gautry a dit : "Loïc il greffe tout, il est capable de greffer un chien !"

Et le goût des bambous ? Ce n'est pas très breton, ça ?

Je crois que dans un parc à Lorient, il y en avait. A la Chapelle-Neuve aussi. Les bambous, on pouvait faire des cabanes dedans. Tu peux te frayer un chemin à l'intérieur. Il y fait sombre et en même temps c'est un feuillage clair. Il y a le son aussi, les froissements. Tout est beau dans le bambou. Ça a un côté fragile et c'est très résistant. C'est droit !

C'est l'Asie, le bambou. C'est ton côté vieux peintre chinois qui s'exprime dans le goût des bambous !

Peut-être bien...

Le livre sur les bambous est venu après les pommes ?

Oui. Dès que Florent Patron a monté les éditions Locus Solus, il a validé le projet.

Donc, il a pensé que ça allait marcher ?

La pomme, ça a bien marché, on vient de retirer. Le bambou, moins. Tu as des gens qui changent de trottoir dans les salons quand ils voient le mot bambou ! Ils ont peur du côté envahissant.

Tu ne t'ennuies pas à représenter fidèlement un objet ?

Non. Chaque fois, il y a un but. Sur nature, je le ferais beaucoup plus vite. Je ne rentrerais pas dans les détails. Là, en atelier, je passe du temps pour une seule pomme d'après photo - toujours mes propres photos - ou avec la pomme, c'est selon... Les plantes de dunes, on ne doit pas les arracher, alors je les shoote sur place et je les travaille en atelier. Je fais de la macro quand il le faut.

Tu passes combien de temps sur un livre ?

Les recherches, le travail, les validations et les corrections éventuelles… À chaque fois c'est cinq mois de travail.

Et parallèlement, tu dessines pour toi ?

À une période je descendais le Scorff en canoë ou à pied à Saint-Urchaut. J'ai fait pas mal de choses dans les roseaux. Je commençais et… je m'arrêtais. Je laissais inachevé. J'ai eu une période comme ça, presque monochrome. Mon boulot est décousu, parce que j'essaye des choses. Mais il y a toujours un lien avec la nature. Je ne suis pas un peintre abstrait, mais l'abstraction, je la trouve dans la nature.

Venons-en à ton goût des agrumes. Ça vient d'où ?

Déjà c'est un fruit. J'aime les fleurs, particulièrement les fleurs de fruits, mais j'ai donné la priorité aux fruits. Je pense que ça vient de loin aussi, du fait que la sœur de ma mère est partie elle aussi à Paris. Ma mère était tombée sur un restaurant rue de Trévise et sa sœur dans une pharmacie. Comme bonne. Jusqu'au jour où la femme du pharmacien est décédée… Comme elle avait élevé tous les enfants de la pharmacie, et que c'était une belle personne, le pharmacien l'a épousée… Ils ont tenu une pharmacie à St-Paul-de-Vence ! Ils côtoyaient beaucoup d'artistes, tu penses ! Ils avaient beaucoup d'agrumes dans leur jardin. Avant de leur rendre visite - une fois - on recevait chaque année une caisse d'oranges, de mandarines, de citrons. Pour moi, le gamin, ce paquet c'était du bonheur ! Ah, les odeurs quand tu ouvrais… c'était extraordinaire ! Tu imagines : on avait une orange à Noël dans le meilleur des cas.

“Où que j'aille, une rivière ça me rassure…”

Le nez ça compte beaucoup pour toi.

Beaucoup ! Ce qu'il y a d'intéressant dans l'agrume, c'est que tout se mange, la peau, la pulpe, les feuilles. En cuisine par exemple, on peut en mettre dans la confiture, dans le rhum arrangé, on peut mettre des morceaux de feuilles dans le poisson… et tous les zestes sont bons. Tu connais le combava !

Oui. Exquis… Tu as commencé à cultiver quand ?

Principalement depuis notre arrivée à Pont-Scorff. J'ai commencé à acheter des plants, j'ai pris des agrumes chez le spécialiste, Bachès, un pépiniériste qui importait un maximum d'espèces. Il venait aux “Botaniques de Ploemeur”, un rassemblement de collectionneurs.

Ton installation à Pont-Scorff a changé quelque chose à ta vie d'artiste ?

La place, l'environnement et le voisinage. Je me suis retrouvé plus chez moi ici qu'à mon ancienne adresse. C'est la campagne et tu as la mer qui remonte jusqu'ici…

Tu as fait la jonction entre tes deux enfances, terrienne et maritime.

Et… je suis à deux minutes de mes coins à champignons ! Gamin, ça comptait beaucoup. Il fut un temps où je mangeais jusqu'à 35 sortes de champignons ! Maintenant je suis revenu aux classiques, le cèpe, la chanterelle, les girolles, les trompettes de la mort, les pieds-de-mouton, les sparasis crépus…

Là, j'ai tout à apprendre de mon maître !
Tu as fait de nombreuses illustrations pour les panneaux du bassin du Scorff, depuis ici jusqu'à la source. Tu as un lieu fétiche sur le Scorff ?

Non, ce sont les rivières en général. Où que j'aille une rivière ça me rassure. L'eau est fraîche, c'est la vie…

Encore une empreinte d'enfance…

Ce qu'il y a comme vie dans l'eau, c'est phénoménal. Je ne lisais pas enfant, mais je me souviens d'un livre illustré, *Toni*, qui racontait l'histoire d'un petit garçon qui va à la pêche. Sur la couverture, on le voit qui pêche, assis au milieu de la rivière, avec un chapeau de paille sur la tête, une canne dans une main et… un sandwich dans l'autre. Pour moi c'est un bon livre. Les pieds dans l'eau ! C'était l'image du bonheur. Tu es tranquille, soleil, nature…

Et tu es devenu pêcheur d'images…

Oui.

Ta vie d'artiste t'a-t-elle satisfaite ?

C'est-à-dire que je ne me sens pas artiste en vérité. Je n'ai pas développé une œuvre, mais je ne suis pas frustré de ça. Je suis connu localement. À 20 ans, je rêvais de pouvoir vivre de mon dessin et de mes photos – et je l'ai fait. J'ai tout le temps travaillé. J'ai choisi d'honorer les commandes. Quand on dessine, on a un rôle à jouer. Je dois dire une chose importante. Quand j'ai passé le diplôme des Beaux-Arts, j'ai dit “Je vais faire ci, je vais faire ça...” C'était la dernière année où on choisissait une technique, un atelier. Après on a commencé à vraiment fermer la porte aux gens comme moi qui allaient sur nature...

Tu es resté fidèle à toi-même, à Toni...

Oui.

J'ai l'impression que tu as autant le goût de faire les choses avec la nature que de dessiner la nature.

Oui, c'est vrai. Et j'ai des projets. Il me faudrait un an ou deux...

Tu mijotes un projet ?

Oui, en gravure, lino et métal.

Pour un livre ?

Non. Si ça devient un livre, pourquoi pas !

Tu as voyagé ?

J'adorais voyager. J'ai passé mon permis moto à 16 ans. J'allais voir Dominique Leconte, mon “frère” en Provence. Une année, on a fait la Scandinavie ensemble sur ma BMW, la Norvège, la Suède. Je suis allé en Italie, en Espagne, en Hollande, au Maroc, en Allemagne. Pas en Asie.

Nous avons tous des paysages aimés, des paysages totems. Quels sont tes paysages de vie ?

Quand je pense paysage, je pense inévitablement aux dunes autour du thonier. Je pense aux falaises du Nord Finistère, à la pointe de Crozon. Attends... Et les forêts bien sûr ! Il y a aussi les calanques, les calanques près de Marseille. Là, tu ne sais plus où tu es... les petits pins vert chaud, les roches blanches... Dans l'esprit, tout cela est proche. Tous ces paysages me ramènent à la mer !

Dessins originaux de Loïc Tréhin:

Raisin de mer, *Lycaera phlaeas*, *pyronia tithonus*, panicaut des dunes, mésange, carex des sables, oyat, œillet des dunes, phragmites, anax, panicaut champêtre, queue de lièvre, liseron soldanelle, argus bleu, carex des sables, abeille.

bourlinguer

"Mon arbre préféré est le pêcher... J'en ai une quarantaine." Philippe

Jardin de Philippe et Fransoise

L'auteur remercie de tout cœur
les Verdoyants de ce livre
pour leur temps,
pour leur talent,
pour leur colère,
et pour la tendresse
qu'ils éprouvent envers le vivant.

Conception originale de la maquette et réalisation de la couverture et de l'intérieur :
Morgane Velut

Typographies :
Faune, Alice Savoie / Cnap
Compagnon Regular, ESAAB Rennes

Papier de couverture et intérieur issus de forêts gérées de façon responsable et durable.

Achevé d'imprimer par GZH (Croatie)

Dépôt légal : octobre 2022
ISBN : 9791096405725

Du même auteur :

1984 *Les Passions Impatientes,* roman, éd. La découverte.

1993 *Nouvelles Sahariennes,* récit publié dans *Brèves de Désert*, collectif.

1999 *Au corps de l'Inde,* carnet de voyage, éd. de la Boussole.

2000 *L'appel du bleu*, carnet de voyage au Portugal, éd. de la Boussole.

2001 *Saharas,* carnet de voyage, éd. de la Boussole.

2002 *Talismans,* poèmes de Patrick Dufossé, encres de Simon, éd. Balthazar.

2003 *Sur le vif,* carnet de voyage en Soissonnais, Les Pinceaux Voyageurs.

2004 *Carnets de voyage en Chine*, éd. de la Boussole.

2005 *Ce que j'aime en toi,* les Carnettistes Tribulants, éd. Alternatives.

2006 *Banlieue nomade,* avec les Carnettistes Tribulants, éd. Alternatives.

Nus, puissance deux, peintures de Simon, poèmes de Patrick Dufossé.

2007 *Dans les mains du soleil,* carnet de voyage amoureux au Rajasthan, éd. Alernatives. Prix coup de cœur à Clermont-Ferrand.

Vivre vieux !, avec les Carnettistes Tribulants, éd. Alternatives. Prix de la presse à Clermont-Ferrand.

2009 *Sahara,* marche avec moi, éd. Alternatives, avec Lakhdar Khellaoui. Prix Fondation Michelin, RDV du Carnet de voyage, Clermont-Ferrand.

2011 *Têtes à têtes,* peinture et littérature, éd. Balthazar.

2012 *Gratte-ciel et soupe de nouilles*, les Carnettistes Tribulants.

2013 *Paysannes,* les Carnettistes Tribulants, éd. La boîte à bulles.

2015 *Voyages d'encre (Carnets de Chine),* éd. Akinomé. Prix Fondation Michelin, RDV du Carnet de voyage, Clermont-Ferrand.

2016 *Le Principe de brume*, auto-édité.

Amours de Chine, récit de voyage, éd. Akinomé.

2017 *Le Petit Arbre Voyageur,* album jeunesse, éd. Akinomé.

2018 *Où cours-tu, Phany ?,* album jeunesse, éd. Akinomé.

Le petit loup qui a peur de tout, album jeunesse, éd. Balthazar.

Angkor, carnet de voyage, éd. Akinomé.

2020 *Apologie de l'arrosoir,* carnet de voyage, éd. Akinomé.